Manfred Claßen I Wolfgang Schnepper

Taktiktraining im Kinderfußball

www.kinder-training.info

aus der Praxis für die Praxis

Die Autoren:
Manfred Claßen, Jahrgang 1966,
1980-1983 mehrfacher Juniorenauswahlspieler,
er erhielt zu der Zeit ein Angebot des
Bundesligisten Bayer Uerdingen,
1984 komplizierte Sprunggelenksverletzung und
das Ende seiner aktiven Spielzeit,
Fußballabitur 1986 mit der Note "sehr gut",
Trainer 1992-1996 zusammen mit Diplom-Sportlehrer
Wolfgang Schnepper im Gesundheitsstudio in Willich,
2004 bis heute Jugendtrainer, 2010 gründete er die
Informationsseite www.fussball-taktik.info

Wolfgang Schnepper, Jahrgang 1964, Diplomsportlehrer,
Ex-Bezirksligaspieler im Fußball,
1988-89 in der deutschen Triathlonspitze,
1990 Bayerischer Meister im Body-Building,
1998 Konditionstrainer im bezahlten Fußball

Bibliografische Informationen der Deutschen
Nationalbibliothek: Die Deutsche Nationalbibliothek
verzeichnet diese Publikation in der Deutschen
Nationalbibliografie; detaillierte bibliografische Daten sind
im Internet über http://dnb.d-nb.de abrufbar.

©2015 Manfred Claßen / Wolfgang Schnepper
Herstellung und Verlag: Books on Demand GmbH
Norderstedt
Satz und Layout: Manfred Claßen
Grafiken und Bilder: Manfred Claßen, coachfx
Covergrafik: Zoran Zivkovic © Bigstock Inc.

ISBN 978-3-7347-9652-4

Inhalt

Inhalt

Inhalt

Inhalt

 # Vorwort

Taktiktraining im Kinderfußball ist mittlerweile in gut geführten Vereinen ein fester Baustein im täglichen Training mit den jüngeren Altersklassen.

Leider gibt es immer noch die weit verbreitete Meinung, Taktiktraining im Kinderfußball sei unsinnig oder Taktiktraining hat im Kinderfußball nichts zu suchen.

Doch schauen wir uns einmal an, was ein Trainer jedes Wochenende von seiner Kindermannschaft erwartet, oder was er für Überlegungen anstellt. Grundsätzlich erwartet ein Trainer, dass seine jungen Spieler zusammenspielen (Gruppentaktik), außerdem sollen sie Zweikämpfe gewinnen (Individualtaktik).
Vor jedem Spiel überlegt sich der Trainer, welches System zum Einsatz kommt, und auf welche Positionen er seine Spieler aufstellt (Mannschaftstaktik).

Aus dieser kleinen Ausführung wird klar, dass Taktik im Kindertraining allgegenwärtig ist, und deshalb auch ins alltägliche Trainingsgeschehen gehört. Natürlich werden sehr komplexe taktische Mittel, wie z.B. das Pressing, in dieser Altersklasse noch nicht trainiert.

Darüberhinausgehend gibt es unzählige taktische Mittel (hierzu zählen insbesondere individualtaktische und gruppentaktische), die die Grundlage für jeden Spieler, neben Technik, Kondition und Koordination, darstellen.

Vorwort

Werden diese Grundlagen nicht in jungen Jahren schon trainiert und gefördert, fehlt dem jungen Spieler später die Basis, um erfolgreich in seinem Sport zu sein bzw. zu werden. Ganz nach dem Motto: Was Hänschen nicht lernt, lernt Hans nimmer mehr!

Wir wünschen allen Lesern viel Spaß bei der Lektüre und stets viel Erfolg im Sport!

Manfred Claßen   Wolfgang Schnepper

 # Definition Taktik

"Die Taktik ist die Lehre der erfolgreichen Anwendung von Kondition und Technik im Spiel."

Einfach ausgedrückt:
Jeder Spieler hat im Spiel eine gewisse Anzahl von Aufgaben zu erfüllen. Diese Erfüllung nennt man Taktik. Diese Aufgaben unterteilen sich in individuelle Aufgaben, Gruppenaufgaben, wie z.B. Verhalten der Stürmer und Mannschaftsaufgaben. Werden diese Aufgaben erfüllt, können die Spieler einer Mannschaft ihre Technik und Kondition voll ausspielen. Im Kinderfußball wird hierbei die Kondition alleine durch das Spielen trainiert.
Es gibt sehr viele verschiedene Taktikansätze, der Kreativität sind dabei kaum Grenzen gesetzt. Deshalb erhebt auch dieses Buch keinen Anspruch auf Vollständigkeit.
Werden die technischen und konditionellen Voraussetzungen nicht konsequent von der Bambiniklasse bis zur E-Jugend geschult, wird der Spieler in der D-Jugend Schwierigkeiten haben, das taktische Konzept des Trainers umzusetzen. Deshalb gilt es, besonders die technischen und konditionellen Fähigkeiten von Anfang an konsequent zu schulen.
Gleiches gilt für die mentalen und sozialen Fähigkeiten.
Hierbei muss natürlich der Spaßfaktor im Kinder- und Jugendbereich an höchster Stelle stehen.
Eine andere Definition der Taktik lautet:
Fußballtaktik beschreibt alle organisierten Maßnahmen, die darauf ausgelegt sind, bestimmte Spielziele zu erreichen. (Bisanz und Gerisch, 1981). Die Bedeutung der Taktik steigt

mit dem Erwachsenwerden und der steigenden Spielklasse immer weiter an und erreicht im Profisport den Höhepunkt und die Perfektion (nicht immer ganz fair, denken wir an taktische Fouls).

Die einfachste Definition stammt von Sepp Herberger:

"Taktik bedeutet, zum richtigen Zeitpunkt, das Richtige zu tun."

 # Taktik im Verein

Wenn der Wind der Veränderung weht, bauen die einen Mauern und die anderen Windmühlen. (altes Sprichwort)

Leider entdeckt man gerade in kleinen Amateurvereinen immer wieder Vorstand und Trainer beim Mauerbau.

Der Fußball und insbesondere die Taktik, haben sich in den letzten Jahren sehr stark verändert. Diese Veränderungen sollten nicht ignoriert werden, sondern als Aufgabe gesehen werden, die Kinder und Jugendlichen an neue Spielsysteme und Taktiken heranzuführen.

Grundsätzlich ist es erstrebenswert, die hier beschriebenen taktischen Grundelemente bis zur D-Jugend in die Mannschaften zu integrieren, damit die eigentliche Taktikschulung ab der D-Jugend bis in den Seniorenbereich effektiv gestaltet werden kann. Dies bedarf einer Vereinsstruktur, die mit Steuerungs- und Überwachungsinstrumenten ausgestattet ist.

D.h., es sollten mannschaftübergreifende taktische Ziele festgelegt werden. Trainer eines Vereins sollten sich gerade im Bereich Taktiktraining ständig austauschen. Hier sind der sportliche Leiter und der Jugendkoordinator gefragt. So kann das taktische Verständnis der Kinder und Jugendlichen Jahr für Jahr weiter ausgebaut werden.

 # Taktikausbildung der Trainer

Leider haben viele Trainer aufgrund ihres Alters in der Jugend einen ganz anderen Fußball gespielt. Ballorientierter Fussball, Zweierkette, Dreierkette, Viererkette etc. wurden nie praktiziert.

Hier wird jeder Trainer zwangsläufig mit der Frage konfrontiert:

Wie trainiere ich meine Mannschaft im taktischen Bereich, wenn ich selber nie modernen Fußball gespielt habe?

Oder ignoriere ich einfach die Neuerungen im Fußball?

Genau hier versucht dieses Buch Hilfestellung zu geben, und den Trainer Schritt für Schritt an die neuen Herausforderungen heranzuführen.

Genauso wie der Trainer die Kinder ausbilden soll, muss er zu einer permanenten Weiterbildung seiner eigenen sportlichen und didaktischen Fähigkeiten bereit sein.

Merke: Das taktische Verhalten wird später wesentlich leistungsmitbestimmend sein. Deshalb ist von Beginn an auf eine den langfristigen Trainingsprozess begleitende Taktik-Ausbildung zu achten.

 # Die Traineransprache

Oft sind die Ursachen eines Misserfolgs einer Mannschaft nicht in den fehlenden technischen, taktischen oder konditionellen Fähigkeiten zu suchen, sondern in der mangelnden Motivation durch den Trainer. Hier gilt es besonders, das Selbstvertrauen eines jeden Spielers zu stärken.

Somit geht es nicht alleine um die Leistungsfähigkeit der Spieler, sondern immer mehr um die Frage ihrer Leistungsbereitschaft: Wie viel Prozent Ihrer Leistungsfähigkeit können die Spieler auf dem Platz umsetzen? Das wiederum ist eine Frage der Energie, die mobilisiert werden kann. Und hier sind wir genau wieder beim Thema "Motivation".

Als Beispiel führen wir hier die gewaltige Motivationsleistung von Jürgen Klinsmann an. Klinsmann übernahm 2004 eine deutsche Nationalmannschaft, die ins Mittelmaß abgerutscht war. Kaum einer seiner Spieler hatte das Selbstvertrauen, Zweikämpfe einzugehen und entscheidende Aktionen zu starten. Die Mannschaft glaubte nach einigen Niederlagen selbst nicht mehr an Ihre Stärken.

2 Jahre später führte Klinsmann die Nationalelf mit tollem Fußball auf den dritten Rang der WM und entfachte dabei Begeisterung in ganz Deutschland.
Er hatte es alleine durch seine Motivationsleistung geschafft, dass sich wieder eine selbstbewusste Mannschaft auf dem Platz präsentierte, die die Offensivtaktik des Trainers zu

 # Die Traineransprache

100 Prozent umsetzte.

In einem Interview mit der Süddeutschen Zeitung sagt Jürgen Klinsmann:

„Der Trainer kann immer nur ein Helfer sein, damit der Spieler sich selbst inspiriert und den Blick öffnet: und zwar keinen 90-Grad - sondern einen 180-Grad-Blick. Ich kann dem Spieler helfen in Bezug auf Fitness, auf Selbstvertrauen und Motivation. Für seine Entscheidungen im Spiel aber, muss der Spieler selbst eine Balance entwickeln."

Fazit: Es gibt kein Patentrezept für die Motivation einer Mannschaft und eines jeden Spielers. Die Wichtigkeit der Ansprache sollte jedoch jedem Trainer bewusst sein.

 # Ausgangssituation

Leider sieht man fast bei jeder Bambini- und F-Jugendmannschaft immer wieder eine Tendenz der Trainer ihre Spieler mit starren Positionen zu belegen. Es heißt dann: Du spielst hinten rechts, Du hinten links usw.. Im Spiel hört man dann: Bleib hinten oder bleib vorne etc.

Warum wird das so gemacht?
Warum versuchen Trainer den jüngsten Mannschaften eine solche Struktur zu geben?
Was versprechen sich diese Trainer davon?

Wir wissen es nicht!!!

Machen wir mal einen großen Sprung in den Jugend-bzw. Seniorenbereich.
Hier versucht mittlerweile fast jeder Trainer, seine Mannschaft modern spielen zu lassen. Es wird hier in der Regel sehr viel Wert auf taktische Verhaltensweisen gelegt. Geprägt wird der moderne Fußball besonders durch 2 elementare Verhaltensweisen:

1. ballorientiertes Verschieben
2. Abkehr von der Manndeckung

Kommen wir zurück zum Kinderfußball:
Durch die oben angesprochene Reglementierung der Spieler wird genau das verhindert, was wir später wieder mühsam trainieren müssen, und zwar ballorientiertes Verschieben und Raumdeckung, Übergeben, Übernehmen etc.

# Ausgangssituation

Lässt man die Kinder einfach intuitiv ihr Spiel machen, sehen wir folgendes: alle Spieler der Mannschaft (egal ob Ballbesitz oder nicht) verschieben Richtung Ball. Mit anderen Worten: alle laufen hinter dem Ball her. Keiner (Ausnahme sind Kinder, die z.B. Blümchen pflücken oder sonstiges) bleibt irgendwo starr auf seiner Position. Alle haben Spaß und sind in ständiger Bewegung. Manndeckung gibt es bei diesem System nicht! Das heißt natürlich nicht, dass die Spieler keine Positionen bekleiden sollen. Vielmehr geht es darum, ihnen so viele Freiräume zu geben wie möglich. Praktisch bedeutet dies, dass jeder Spieler (z.B. ein Abwehrspieler) sich ständig mit nach vorne und hinten einschalten sollte. Es reicht einem Abwehrspieler zu sagen: "Wenn der Gegner den Ball hat, läufst du bitte nach hinten." Unsere Erfahrung hat gezeigt, dass Bambini- und F-Jugendspieler dies nach relativ kurzer Zeit umsetzen können.

An dieser Stelle möchten wir noch einmal betonen, dass die Taktik die Lehre der erfolgreichen Anwendung von Kondition und Technik im Spiel ist und sich weiterhin aus Individual-, Gruppen- und Mannschaftstaktik zusammensetzt.
Bei den Bambini, F-Jugend und der E-Jugend bezieht sich also die Taktik überwiegend auf die technische und konditionelle Schulung (Förderung der Kondition fast ausschließlich in Spiel- und Wettkampfform), damit die Spieler in der D-Jugend keine Schwierigkeiten haben, das taktische Konzept des Trainers umzusetzen.

# Spielsysteme im Kinderfußball

Selbstverständlich sind auch die Spielsysteme ein Teil der Mannschaftstaktik und finden bereits im Kinderfußball ihren Platz. Die Spielsysteme werden in diesen Altersklassen auch ausschließlich durch Trainings- und Wettspiele trainiert. Wir sind der Meinung, dass auch hier die Systeme leicht aufgebaut sein sollten, mit möglichst vielen Freiheiten und Positionswechsel der Spieler.

Die Praxis zeigt, dass spätestens in der E-Jugend der Gedanke, Spiele für die eigene Mannschaft zu entscheiden, sehr stark in den Vordergrund rückt. Dieses nehmen wir hier als gegeben hin und wollen dies auch nicht diskutieren. Es wird um Punkte und Tabellenplatzierungen gespielt. Also scheint dies auch so gewollt zu sein. Rückt dieser Gedanke mit in den Fokus des Trainers, so ist natürlich auch die Auswahl des Spielsystems für den Trainer wichtig. Die Auswahl des Spielsystems ist im besonderen Maße abhängig von den Fähigkeiten der einzelnen Spieler und der gegnerischen Mannschaft.

Welches Spielsystem?

Wir werden die gängigsten Systeme vorstellen und diese kurz erläutern. Welches Spielsystem angewendet wird, sollte dem Trainer überlassen werden.

In vielen Vereinen wird das 3-3 System oder das 3-2-1-System vorgeschrieben. Begründung ist in der Regel: Diese Systeme sind ballorientierte Spielsysteme.

Diese Aussage ist schlichtweg falsch.
Es gibt keine ballorientierten Spielsysteme!

Sehr wohl gibt es das ballorientierte Spiel. Dieses ist jedoch nicht abhängig vom Spielsystem, sondern vom ballorientierten Verschieben der Spieler und der Auslegung der einzelnen Positionen im Spielsystem. Dies bedeutet, dass natürlich auch z.b. im 2-2-2-System ballorientiert verschoben werden kann.

Das 3-3 Spielsystem

Das 3-3 besteht aus 3 Abwehrspielern und 3 Offensivkräften. Vorteil dieses Systems ist die Kompaktheit. Die Außenverteidiger sollten sich mit in die Angriffe einschalten. Mit diesem System kann bereits der moderne Außenverteidiger mit Außenstürmerqualität optimal trainiert werden. In diesem Alter verstehen die jungen Fußballer auch, wenn zwei gegnerische Stürmer bei eigenem Angriff vor dem eigenen Tor bleiben, dass sich nur ein Außenverteidiger mit in den Angriff einschalten sollte.

Der Innenverteidiger sichert nach hinten ab, rückt aber bei Angriffen so weit wie möglich nach vorne auf. Bleibt ein Stürmer der gegnerischen Mannschaft bei eigenen Angriffen weit „vorne", wird dieser durch den Innenverteidiger gedeckt.

Nachteil des Systems ist die große Laufarbeit der vorderen 3 Spieler.

 # Spielsysteme im Kinderfußball

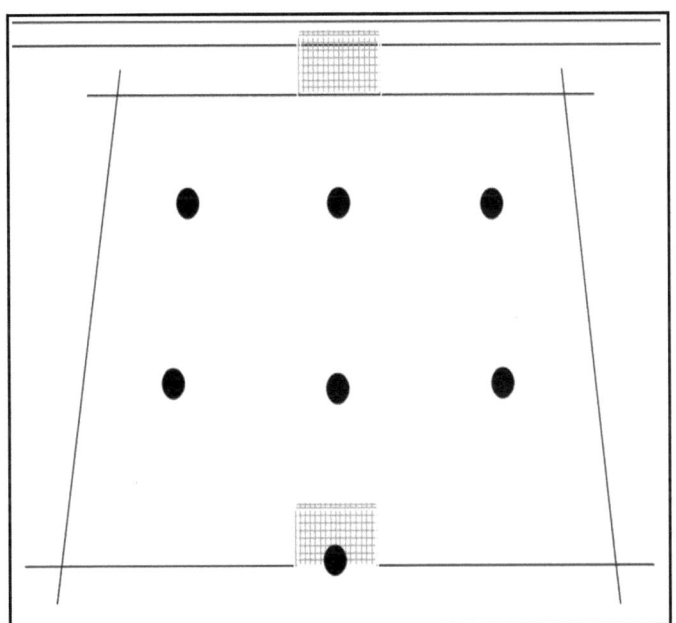

Das 3-2-1 Spielsystem (Tannenbaum)

Das 3-2-1 besteht aus 3 Abwehrspielern, 2 Mittelfeldspielern und einem Stürmer.

Vorteil dieses Systems ist die Kompaktheit. Die Laufarbeit der Mittelfeldspieler kann stark reduziert werden, wenn sie häufig die Position mit dem Mittelstürmer tauschen.

Bei diesem System wird auch der klassische Mittelstürmer für diese Altersgruppe optimal trainiert und das für mehrere Spieler gleichzeitig, wenn die Position regelmäßig getauscht wird. Bei einer totalen Überforderung eines jungen Fußballers als zentraler Stürmer, wird hier allerdings aus

verständlichen Gründen darauf verzichtet.

Die Außenverteidiger sollten sich mit in die Angriffe einschalten (siehe hierzu die Ausführungen beim 3-3 System.

Nachteil des Systems: Spielen die beiden Mittelfeldspieler zu defensiv, dauert das Umschalten von Abwehr auf Angriff zu lange. Wir bevorzugen dieses System gegenüber allen anderen Aufstellungen, weil hier der zentrale Stürmer konsequent trainiert wird und praktische Erfahrungen sammelt (zusätzlich bindet er vorne 1 – 2 Abwehrspieler), die Außenstürmer mit Offensivaufgaben optimal eingesetzt werden können und ein häufiger Positionswechsel vorgenommen werden kann.

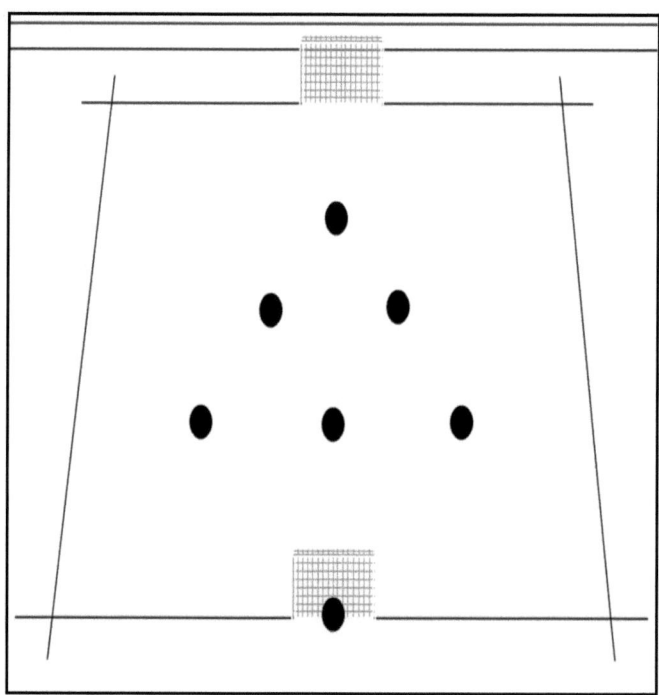

 # Spielsysteme im Kinderfußball

Das 2-2-2 Spielsystem

Das 2-2-2 besteht aus 2 Abwehrspielern, 2 Mittelfeldspielern und 2 Stürmern.

Vorteil dieses Systems ist die Ausgewogenheit und das schnelle Umschalten von Abwehr auf Angriff.

Wir persönlich sehen in diesem System aber einige Nachteile und Schwächen. Bei dieser Aufstellung könnten einige Spieler mit ihren Aufgaben leicht überfordert sein. Die Verteidiger haben oft nur Defensivaufgaben oder können nicht richtig entscheiden, wann und wer sich mit in die Offensive einschalten soll. Weiterhin kann es passieren, dass die Stürmer vorne „festwachsen" oder nur unzureichend erkennen, wann sie Defensivaufgaben wahrnehmen sollen.

Der Trainer oder die Trainerin, die mit einem solchen System agiert, sollte zumindest einen häufigen Positionswechsel vornehmen.

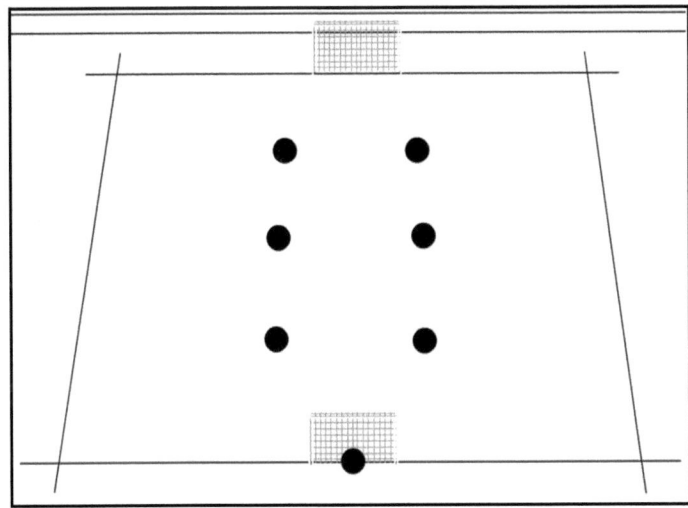

 **Spielsysteme im Kinderfußball**

Das 2-3-1 Spielsystem

Bei der Beschreibung dieses Systems können wir uns relativ kurz fassen, da das Wesentliche schon bei der Erklärung der anderen Aufstellungen erklärt wurde.

Das 2-3-1 besteht aus 2 Abwehrspielern, 3 Mittelfeldspielern und einem Stürmer.

Vorteil dieses Systems ist die starke Mittelfeldpräsenz und das schnelle Umschalten von Abwehr auf Angriff.

Nachteil des Systems: Verteidiger haben in der Regel nur Defensivaufgaben und eine Schulung von Außenstürmern mit Offensivaufgaben ist nicht gegeben. Auch bei dieser Aufstellung sollten die Aufgabenbereiche häufig gewechselt werden.

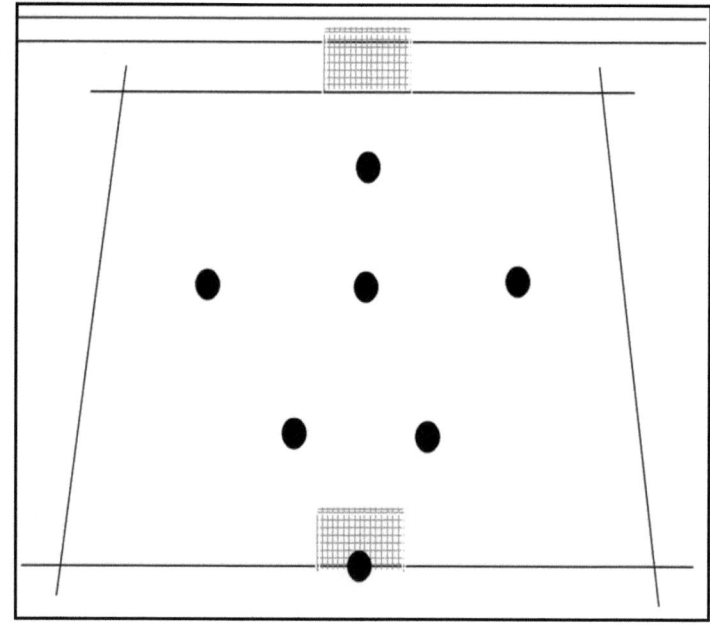

Das 2-3-1 Spielsystem mit Raute

Das 2-3-1 mit Raute besteht aus 2 Abwehrspielern, einem defensiven Mittelfeldspieler, 2 offensiven Mittelfeldspielern und einem Stürmer.

Hier dürfen wir nicht vergessen, dass dieses System für F/E-Jugendspieler sehr komplex ist. Das Problem liegt darin, dass die jungen Fußballer ihre Aufgaben auf den jeweiligen Positionen nicht richtig erkennen und zum falschen Zeitpunkt in die Offensive oder Defensive wechseln. In diesem System haben die Verteidiger ebenfalls häufig nur Defensivaufgaben und die Positionen sollten häufiger gewechselt werden.

Hat der Trainer oder die Trainerin es allerdings geschafft, dieses Spielsystem zu vermitteln und die entsprechenden Spieler dazu, hat die Mannschaft einen großen spielerischen Vorteil.

Jetzt ist das Spiel sehr ausgewogen und ein schnelles Umschalten von Abwehr auf Angriff möglich.

Ein Sechser wird optimal in das Spiel integriert und geschult, ebenfalls der klassische Mittelstürmer und die beiden offensiven Mittelfeldspieler werden oft gleichzeitig als echte Flügelstürmer trainiert und eingesetzt. Bis dieses System funktioniert, muss es immer wieder leicht verständlich den Kindern erklärt und in Trainingsspielen geübt werden.

 # Spielsysteme im Kinderfußball

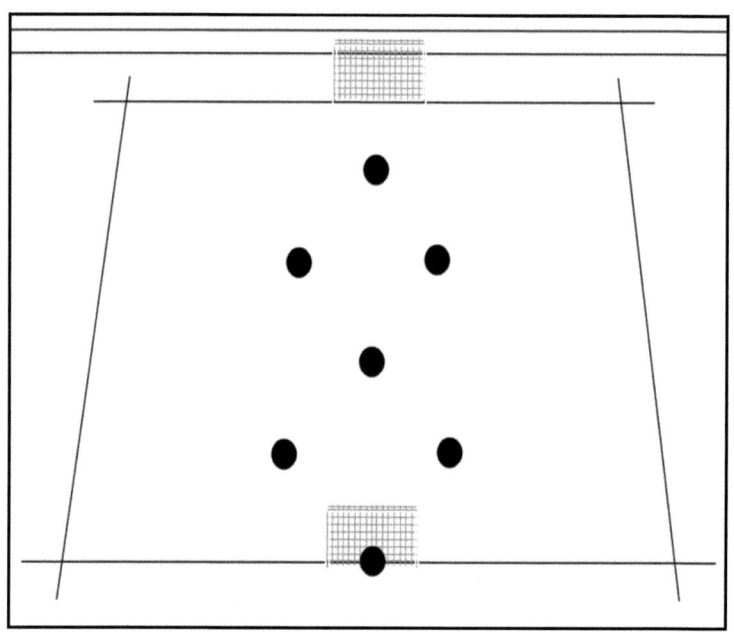

Das 3-3-2 Spielsystem

Das 3-3-2 besteht aus 3 Abwehrspielern, 3 Mittelfeldspielern, und 2 Stürmern.

Vorteil dieses Systems ist die Ausgewogenheit und das schnelle Umschalten von Abwehr auf Angriff.

Die Laufwege der einzelnen Mannschaftsteile sind relativ gering und das System wird von den jungen Fußballern recht leicht verstanden. Wir haben mit diesem System die besten Erfahrungen gemacht und sehen in dieser mannschaftstaktischen Aufstellung keinerlei Nachteile.

 # Spielsysteme in der D-Jugend

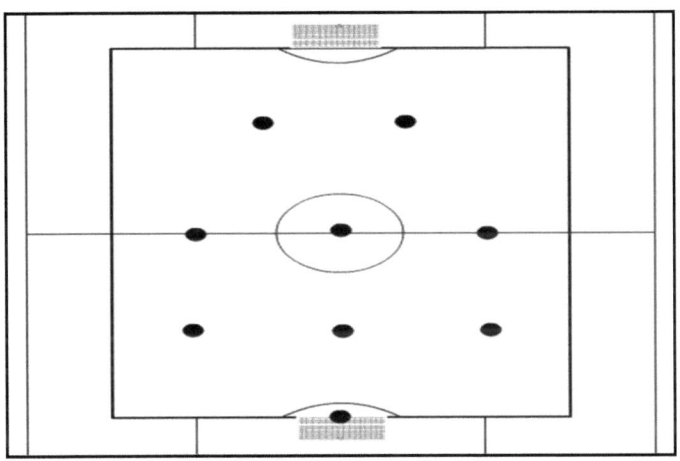

Spielsysteme in der D-Jugend

Das 3-4-1 Spielsystem

Das 3-4-1 besteht aus 3 Abwehrspielern, 4 Mittelfeldspielern, und einem Stürmer. Vorteil dieses Systems ist die starke Mittelfeldpräsenz. Der Nachteil, dass nur mit einem echten Stürmer gespielt wird, ist wohl offensichtlich.

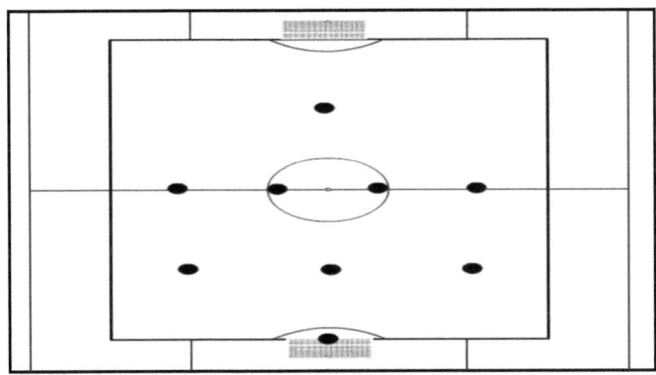

 # Spielsysteme in der D-Jugend

Das 3-4-1 mit Raute Spielsystem

Das 3-4-1 mit Raute besteht aus 3 Abwehrspielern, einem defensiven Mittelfeldspieler, 2 äußeren Mittelfeldspielern, eine hängende Spitze und einem echten Stürmer.

Vorteil dieses Systems ist die starke Mittelfeldpräsenz und die relativ geringen Laufwege.

Nachteile dieser mannschaftstaktischen Aufstellung bestehen grundsätzlich nicht. Das einzige Problem ist, das einige Spieler anfangs nicht verstehen, wann sie sich in die Offensive oder Defensive mit einschalten sollen. Die hängende Spitze z.B. spielt als „Vollstürmer" oder agiert viel zu häufig in der Defensive oder die äußeren Mittelfeldspieler nehmen nur ihre Offensivaufgaben wahr.

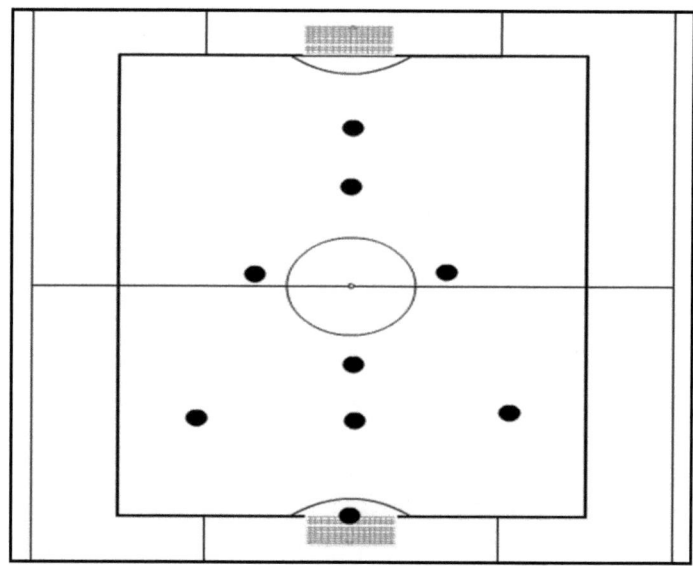

 # Spielsysteme in der D-Jugend

Das 4-3-1 Spielsystem

Das 4-3-1 besteht aus 4 Abwehrspielern, 3 Mittelfeldspielern und einem echten Stürmer. Vorteil dieses Systems ist die Möglichkeit die Viererkette bereits in der D-Jugend zu trainieren. Allerdings ist die Offensive sehr dünn besetzt.

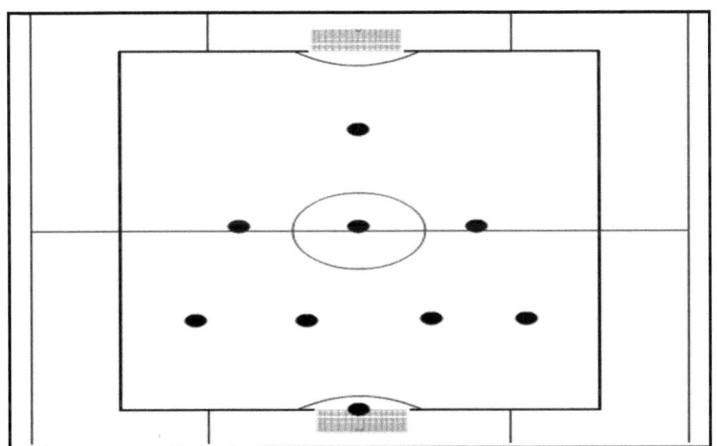

Gruppen- und Mannschaftstaktik/Bambini/F-Jugend/ E-Jugend

Diese Taktikbereiche sind in solchen Altersgruppen auf ein Minimum reduziert und wurden auf den vorigen Seiten bereits erklärt (später mehr dazu). Komplizierte taktische Maßnahmen verwirren die Kinder nur und reduzieren das optimale Leistungsvermögen, die Kleinen wollen spielen und nicht zuhören und schwätzen. Davon haben sie schon in der Schule genügend durchlebt. Anders ausgedrückt: Je weniger allgemeine Taktik gelehrt und eingebaut wird, desto besser ist dies für den gesamten Spielverlauf.

Spaßfaktor

Wir sind der überzeugten Meinung, dass Spaß und Freude in diesen Altersklassen an vorderster Stelle stehen müssen. Leistung, Ergebnis und Tabellen sind fast unwichtig und treten in den Hintergrund (leider ist das bei E-Junioren in den höchsten Vereinen nicht der Fall).
Nur wenn Leistungsfortschritt mit Spaß verbunden wird, bleiben die Kleinen dem Fußball erhalten und verbinden mit ihm etwas Positives ihr ganzes Leben.

Eine reine ergebnisorientierte Kinderarbeit in den Fußballvereinen bewirkt oft eine negative Entwicklung der kleinen Fußballer. Hier wird die optimale Leistungsfähigkeit wird nicht erreicht. Viele „Superfußballer" in der E-Jugend bringen plötzlich nicht mehr die individuell mögliche Bestleistung. Riesige Talente verlassen den Verein bereits im Alter der C-Junioren.

In den meisten Fällen wurde den Kindern der Spaßfaktor genommen und der Leistungsdruck wurde zu hoch, oft durch viel zu ehrgeizige Eltern oder Trainer und Trainerinnen.
Der größte Fehler, der hier gemacht werden kann, ist das Anschreien der kleinen Fußballer oder tadeln für schlechte Leistungen.
Kinder dürfen nur für gute Leistungen gelobt werden, niemals für schlechte Aktionen getadelt. Der Trainer oder die Trainerin ist hierzu da, diese Defizite durch geschickte Trainingsübungen auszumerzen (z.B durch Stationentraining bereits ab der F-Jugend, dazu später mehr), die Verantwortung liegt hier nicht bei den Kindern.

 # Spaßfaktor

Merke: Die Würde der Kinder ist unantastbar und die Seele der Kleinen darf auch nicht im geringsten verletzt werden. Fußball bedeutet Spaß für Kinder und darf nicht anders ausgelegt werden.

In vielen Vereinen und bei vielen Trainern oder Trainerinnen dominiert im Kinderfußball das Taktiktraining, Technik und Koordination kommen zu kurz und damit auch der Spaßfaktor.
Viele Kinder sitzen oft zu lang vor dem Computer oder dem Fernsehen und haben dadurch Haltungsschwächen und Bewegungsmängel.
Kinder wollen keine langen taktischen oder sonstige Erklärungen, das Training muss ganz allein auf die Bedürfnisse der Kleinen ausgerichtet sein, ansonsten verliert der Verein viele kleine Fußballer.

Das freie Fußballspielen und eine vielseitige koordinative und technische Ausbildung der Kinder muss im Vordergrund stehen.

Ausbildung und Leistungssteigerung

Im Training dominiert die technische, koordinative und konditionelle Ausbildung mit entsprechender Leistungssteigerung. Die konditionelle Ausbildung wird fast ausschließlich in Spiel- und Wettkampfformen trainiert. Ab der E-Jugend kann man gelegentlich Teile des Sprinter ABC`s und kürzere Sprints mit Zeitnahme einbauen.

Zur Ausbildung dieser Trainingsaspekte sind nachzulesen in unseren Büchern: „Bambini/F-Jugendtraining" und „F-Jugend/E-Jugendtraining".

Ehrgeizige Eltern, Trainer und Betreuer, die nur Siege, Punkte und die Tabelle sehen, haben den Sinn des Kinderfußballs nicht erkannt. Hier sieht man nur den kurzfristigen Erfolg und wundert sich, wenn in den kommenden Jahren, die Leistung der Fußballer nachlässt oder diese den Verein verlassen.

Ein Spieler oder eine Spielerin, der/die mit vier Jahren einem Fußballverein beitritt, hat 14 Jahre lang Zeit, zu einem guten Fußballspieler oder einen guten Fußballspielerin ausgebildet zu werden.

Alle Ausbildungspunkte (Taktik/Technik/Koordination/Kondition) müssen zum richtigen Zeitpunkt und mit dem entsprechenden Schwierigkeitsfaktor trainiert werden.

In diesen Altersgruppen gibt es kein gezieltes Aufwärmprogramm. Vor jeder Trainingseinheit dürfen sich die Kinder sofort, mit oder ohne Ball (wie jeder will), in der Gruppe oder Einzeln, frei bewegen. Kinder in dieser Altersklasse müssen und wollen sich sofort austoben.

Im weiteren Verlauf werden Grundlagen der Balltechnik, Motorik und ab der E-Jugend auch schon leichte athletische Übungen trainiert.

# Ausbildung und Leistungssteigerung

Nicht sportartspezifische Fang- und Ballspiele treten, vor allem in der E-Jugend, in den Hintergrund. Eine allgemeine sportliche Ausbildung wird jetzt auch vom Schulsport unterstützt.

Gänzlich sollten aber diese Spiele und Wettkämpfe nicht aus dem Training entfernt werden. Beispiele dieser Übungsreihen werden hier nicht mehr aufgeführt, sie wurden ausführlich in unseren Büchern „Bambini/F-Jugendtraining" und F-Jugend/E-Jugendtraining" behandelt.

Im Techniktraining werden nicht immer die gleichen Übungen eingebaut, sondern Abwechslung ist hier angesagt, in häufiger Verbindung mit Wettkämpfen.
Kurze, präzise Erklärungen, leicht verständliche Übungen und geringe Wartezeiten sind unbedingt erforderlich. Die Kinder brauchen häufigen Ballkontakt und viel Bewegung.

Stationentraining in kleinen Gruppen sollte oft erfolgen.
Bereits in der F-Jugend kann durchaus ein Stationentraining eingesetzt werden.
Der Übungsaufbau darf nicht viel Zeit in Anspruch nehmen und die Kinder nicht langweilen oder nerven. Am besten ist es, der Trainer baut die Stationen schon vor dem Training auf, bei den meisten Übungen sollten sowieso nur Bälle zum Einsatz kommen.
Die Übungsdauer an den jeweiligen Stationen wird in der Regel auf maximal 5 Minuten begrenzt (hierzu später mehr).

Was sollte vom Bambini- bis E- Jugendtraining vermieden werden?

Was sollte vom Bambini- bis E-Jugendtraining auf jeden Fall vermieden werden?

- Längere Sprints

- Längere Ausdauerläufe

- Rundenläufe

- Krafttraining (ab der F-Jugend werden leichte Sprung-übungen mit geringem Zeitaufwand eingebaut z.B. Hopserläufe oder Hocksprünge)

- Lange Erklärungen

- komplizierte taktische Schulungen

- Tadeln und Anschreien

- Training, das zu einem hohen Ermüdungs- oder Erschöpfungszustand führt

- Schulung von Tackling

- Kopfballtraining mit harten Bällen (hierbei können die Kinder Schmerzen und Verletzungen erleiden und bekommen Angst vor dem Kopfball)

# Was sollte vom Bambini- bis E- Jugendtraining vermieden werden?

- Zeitspiel bei Wettspielen

- Nur die „Besten" spielen (ansonsten verlieren die Schwächeren die Freude am Fußball und verlassen evtl. sogar den Verein)

- Ergebnis- und Leistungsdruck von außen (egal von welchen Personen)

- Spielkreativität und Freiräume der Kinder einengen

- Stress und Druck zwischen Kindern, Betreuern, Eltern und Trainer (es muss eine lockere und angstfreie Stimmung vorherrschen)

- Bevorzugung von leistungsstärkeren Kindern

- Festes Positionsspiel (z.B. ein bestimmtes Kind muss immer ins Tor oder darf nur hinten spielen, ist ein falsches Denken, denn alle Kinder wollen Tore schießen)

Bambini

Individualtaktik

Mit Individualtaktik wird das zielgerichtete Verhalten der einzelnen Spieler in den Angriffs- und Abwehrsituationen bezeichnet.

Leitgedanke ist dabei, dass alle Spieler eine variabel verfügbare Fußballtechnik erwerben.

Das Training zielt darauf ab, die technischen Fertigkeiten spielgerecht einzusetzen.

Im Netz und in vielen Büchern gibt es unzählige Übungen zu diesem Thema, deswegen wird die Individualtaktik in diesem Buch nicht mehr behandelt.

Individualtaktik sollte bis zur E-Jugend das taktische Grundgerüst bilden, auf welches hier aufgebaut wird.

Beim Wechsel auf das große Spielfeld sollten die Spielfeldzonen erläutert werden.

Die Individualtaktik bedeutet bei den Bambini also die spielerische Ausbildung von Kondition und Technik.

Gruppentaktik

Der Handlungsspielraum wird im gruppentaktischen Rahmen im Vergleich zum individualtaktischen Bereich durch Mit- und Gegenspieler erweitert.

Hier sind alle Situationen gemeint die über ein 1:1 hinausgehen.

Bei den Bambini beschränkt sich die Gruppentaktik auf wenige Anweisungen, die mit der Zeit umgesetzt werden können:

- Bei Angriff auf das gegnerische Tor rücken Abwehr- und Mittelfeldspieler mit nach vorne auf.

- Bei Ballbesitz des Gegners laufen Abwehr- und Mittelfeldspieler mit nach hinten.

- Bei Angriffen des Gegners mit Einsatz der Abwehrspieler übernehmen auch die Stürmer Defensivarbeit.

- Bei eigenen Ballbesitz Anspielstationen suchen oder anbieten.

Mannschaftstaktik

Mit Mannschaftstaktik werden alle individuellen und gruppentaktischen Handlungen der Spieler beim 11 gegen 11 oder 7 gegen 7 bezeichnet, die den 2 Zielen „Tore schießen" und „Tore verhindern" dienen.

Bei den Bambini bleibt dieses Ziel auch so allgemein gehalten.
Hier zählt nur der Spaß in Verbindung mit „Tore schießen" und „Tore verhindern".

# Übungen zur Schulung der Gruppentaktik

Übung zur Schulung der Defensivarbeit

Es wird ein normales Fußballspiel „7 gegen 7" gespielt (Spieleranzahl kann natürlich auch verändert werden). Bei einem Tor startet immer die Mannschaft, die den Treffer hinnehmen musste, mit folgender Konstellation:

- Alle sechs Spieler stehen in einer Reihe in der Mitte des Feldes, mit gleichem Abstand auseinander (Sechserkette), ein beliebiger Spieler ist in Ballbesitz.

- Drei Abwehrspieler der gegnerischen Mannschaft befinden sich in der eigenen Hälfte (ohne Torwart gezählt), die anderen Spieler dieser Mannschaft stehen in der gegnerischen Hälfte etwa 10 Meter hinter der Sechserkette. Beim Anpfiff des Trainers oder der Trainerin greift die Sechserkette an. Die Dreierkette Abwehr soll ein Tor verhindern.

- Gleichzeitig laufen die drei Stürmer im Sprint nach hinten und unterstützen die Abwehrarbeit.

- Beim nächsten Tor wird das Ganze mit der entsprechenden Mannschaft wiederholt.

Übungen zur Schulung der Gruppentaktik

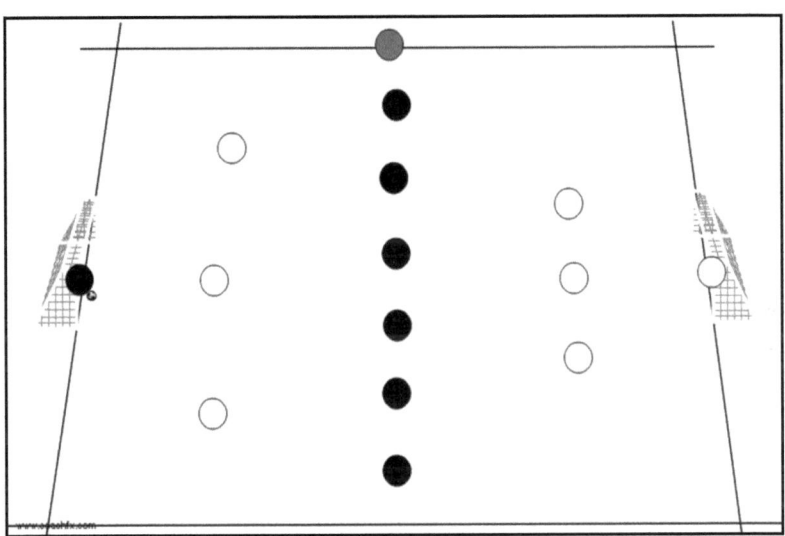

Taktische Variante:

Bei dieser Übung wird alles genauso mit einem einzigen Unterschied durchgeführt:

Jetzt rennen nur zwei Stürmer mit nach hinten, der Dritte lauert vorne auf ein Anspiel und wartet auf den möglichen Konter seiner Mannschaft.

Übung zur Schulung der Mannschaftstaktik

Die einzige mannschaftstaktische Übung ist hier das Trainings- oder Wettspiel mit dem Motto „Wir verhindern Tore und wir schießen Tore".

Individualtaktik

Auch hier zielt das Training wieder darauf ab, die technischen Fertigkeiten spielgerecht einzusetzen.
Im Internet und in vielen Büchern gibt es unzählige Übungen zu diesem Thema, deswegen wird die Individualtaktik in diesem Buch nicht mehr behandelt.
Individualtaktik sollte bis zur E-Jugend das taktische Grundgerüst bilden, auf welches hier aufgebaut wird.
Beim Wechsel auf das große Spielfeld, sollten die Spielfeldzonen erläutert werden.
Individualtaktik bedeutet bei der F-Jugend/E-Jugend, die spielerische Ausbildung von Kondition und Technik. Beim Techniktraining werden auch schon Übungen mit einem hohen Konzentrations- und Schwierigkeitsgrad eingesetzt, insbesondere beim Stationentraining (dazu später mehr).

Gruppentaktik

In dieser Altersklasse können wir tatsächlich schon relativ anspruchsvolle Taktikübungen einbauen, ohne die Kinder zu überfordern oder langweilen. Der Einsatz gruppentaktischer Übungen ist aber alters- und leistungsgerecht, mit geringem Zeit- und Erklärungsaufwand, im Training vorzufinden.

F-Jugend/E-Jugend

Übungen zur Schulung des schnellen Gruppenspiels und Schaffen von Anspielstationen

3 gegen 1

Übungsaufbau und Ablauf:
siehe Grafik

Unsere Praxisarbeit hat gezeigt, dass diese Übung spätestens im zweiten Jahr der F-Jugend praktiziert werden kann. Die Übung bildet den ersten Schritt in Richtung Dreiecksbildung und sollte so häufig wie möglich praktiziert werden.
Es wird ein Viereck mit Hütchen abgesteckt. 3 Spieler besetzen jeweils ein Hütchen und sind im Ballbesitz. Der eine Gegenspieler versucht in Ballbesitz zu kommen. Hier reicht bereits die Berührung des Balles, um mit einem Spieler die Aufgabe zu tauschen.
Es sollte vermieden werden durch die Mitte zu spielen. Die Spieler müssen so verschieben, dass der Spieler im Ballbesitz immer nach beiden Seiten hin eine Anspielstation hat. Öfter die Aufgaben tauschen!

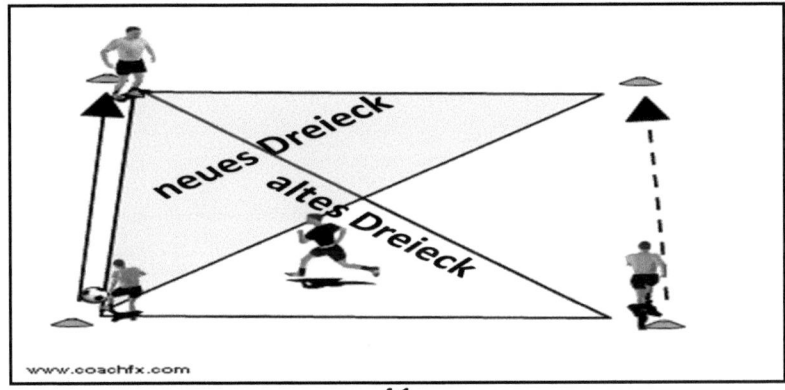

 # F-Jugend/E-Jugend

6 gegen 3 und 4 gegen 2

Übungsaufbau und Ablauf:
siehe Grafik

Es werden 2 Vierecke mit Hütchen abgesteckt. Es wird ein "6 gegen 3" und "4 gegen 2" gespielt. Hierbei muss den Spielern klar gemacht werden, dass diese Übung für die Mannschaft in Überzahl gedacht ist. D.h., es soll sehr viel Bewegung ohne Ball bestehen. Hier soll im Besonderen das Spiel ohne Ball und die Dreiecksbildung trainiert werden. Vorstufe zu dieser Übung ist das 3 gegen 1.

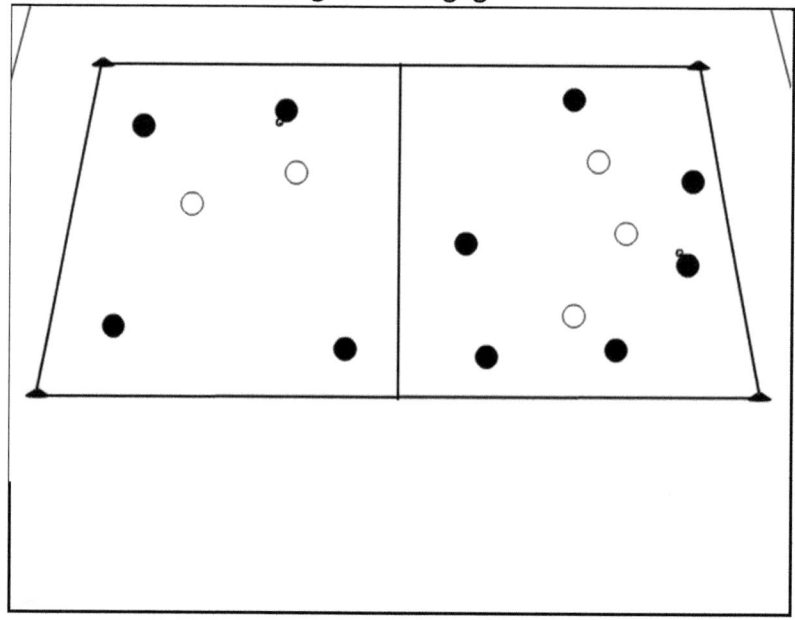

F-Jugend/E-Jugend

Übungen zur Schulung des schnellen Angriffs

3 gegen 1

Übungsaufbau und Ablauf:
siehe Grafik

Es wird ein 3 gegen 1 auf 2 Tore gespielt. Die Tore werden besetzt. Die Mannschaft mit 3 Spielern rückt mit einem gemeinsamen Pass-Spiel auf und versucht, durch Flanken der Außenspieler zum Torerfolg zu kommen. Es zählen nur Tore, die nach einer Flanke erzielt wurden. Ist der Angriff abgeschlossen, rücken 2 Spieler, die hinter dem Tor warten ins Spielfeld und starten ihrerseits einen Angriff, wobei die 3 vorherigen Angreifer das Feld verlassen. Hier rückt ein neuer Mitspieler jetzt in die Verteidigerposition, etc.

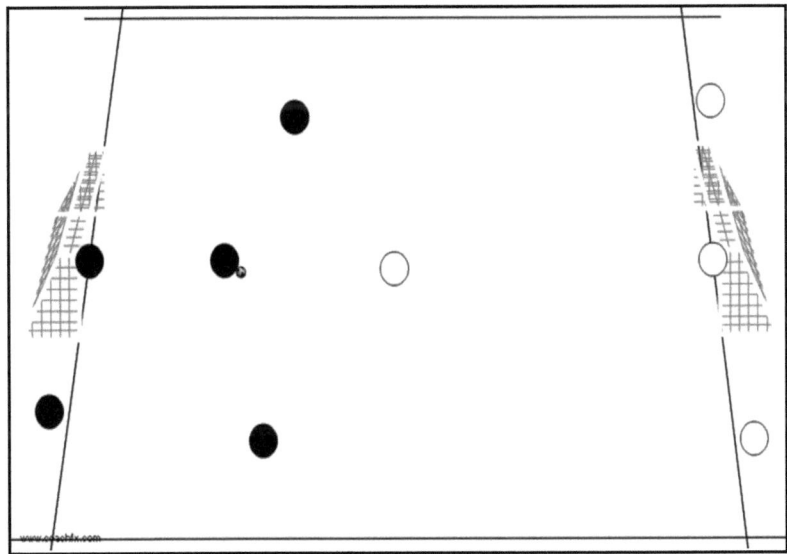

Varianten:

- Jetzt wird ein zweiter Abwehrspieler integriert, Tore müssen aber wieder nach einer Flanke erzielt werden.

- Der Angriff erfolgt wieder mit drei Stürmern gegen zwei Abwehrspieler, die aber jetzt den Angriff frei gestalten dürfen.

Übung zur Schulung des schnellen Angriffs und gleichzeitig des Abwehrverhaltens

4 gegen 3

Übungsaufbau und Ablauf:
siehe Grafik

Gespielt wird hier auf ein Tor, das mit einem Torwart und drei Abwehrspielern verteidigt wird. Vier Stürmer versuchen, mit einem schnellen Angriff ein Tor zu erzielen. Die drei Abwehrspieler sollen dabei erkennen, dass es sinnvoll ist, bei einem gegnerischen Angriff bzw. Ballbesitz, besonders in Unterzahl, das Spiel „eng" zu machen.
Die Angreifer hingegen sollen verstehen, dass es bei eigenem Ballbesitz und besonders in der Überzahl sinnvoll ist, das Spiel „breit" anzulegen.
Bei Torabschluss oder Stoppen des Angriffs durch die

Abwehrspieler erfolgt der Angriff über die nächste Viererkette.

Die Abwehrspieler und auch der Torwart werden bei dieser Übung häufig gewechselt.

Das Training dieser gruppentaktischen bzw. mannschaftstaktischen Verhaltensweise wird sehr behutsam im Training eingebaut. Die Spieler werden nur gelobt. Kinder, die diese Verhaltensweise nicht oder nur teilweise verstehen, werden nicht „gerügt" und in Wettspielen eingesetzt, wie alle anderen auch.

Wir sind hier der Meinung, dass man nicht erst in der C-Jugend erklären sollte, dass das Spiel bei eigenem Ballbesitz „groß" gemacht werden muss und bei gegnerischem Ballbesitz „eng".

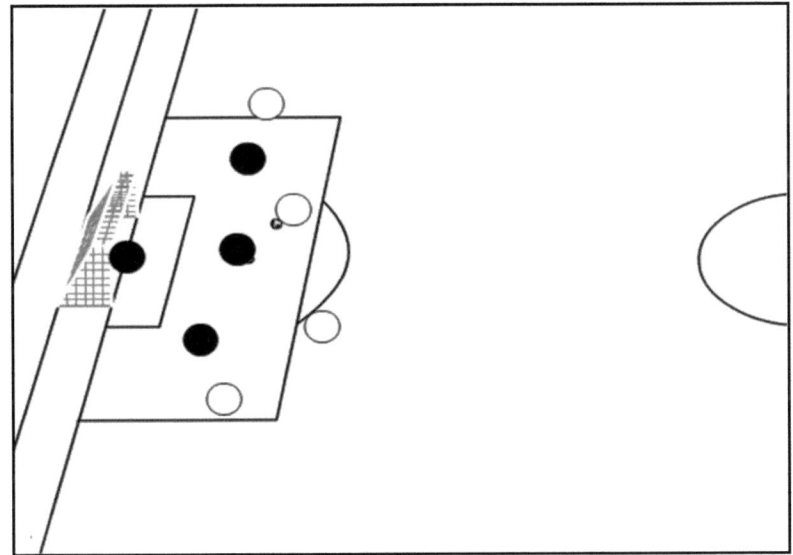

F-Jugend/E-Jugend

Einführung einer Eckballvariante

Eine spielerische Einführung der „kurzen Ecke" kann bereits in der F-Jugend beginnen. Hierzu bietet sich immer wieder das Abschlussspiel an. Bei einer Ecke wird das Spiel kurz unterbrochen und die genannte Variante des Eckstoßes wird von dem Trainer und einem Betreuer vorgemacht. Dieses wird bei mehreren Abschlussspielen wiederholt. Die kleinen Fußballer sollten nicht genötigt werden, dieses im Training oder Wettspiel auf jeden Fall einzubauen. Nein, sie sollten sich selbstständig absprechen, wann sie die „kurze Ecke" spielen wollen.

In den meisten Fällen werden die Kinder diese Eckstoßform tatsächlich im Wettspiel umsetzen.

Torschussübung mit Hinterlaufen

Auch diese Gruppentaktik kann bereits ab der F-Jugend spielerisch und ohne Druck trainiert werden. Auch hier wird nicht verlangt, dass die Spieler es auch im Trainings- oder Wettspiel einsetzen. Sie sollen nur mit der Zeit erkennen, welchen Vorteil und was für ein Überraschungsmoment diese taktische Variante hat. Irgendwann wird dieser Trick dann auch mal im Spiel ausprobiert.

Das Hinterlaufen wird bei den Kleinen immer in Verbindung mit einem abschließenden Torschuss trainiert, damit keine Langeweile aufkommt. Die Übung eignet sich auch für eine Station im Stationentraining.

F-Jugend/E-Jugend

Übungsablauf: Ein Tor ist mit einem Torwart besetzt. 16 Meter zentral vor dem Tor steht ein Abwehrspieler (Trainer/Trainerin), der nicht voll aktiv ins Geschehen eingreift. 25 Meter zentral vor dem Tor stehen Zweiergruppen hintereinander mit jeweils einem Ball.

Die erste Zweiergruppe läuft auf den Abwehrspieler zu, der Vordere ist in Ballbesitz, der Hintere befindet sich seitlich versetzt, 2 – 3 Meter dahinter.

Ist der vordere Spieler relativ nah an den Gegenspieler herangedribbelt, läuft sein Partner mit Höchstgeschwindigkeit vorbei, wird dann angespielt und schließt mit einem Torschuss ab. Der Spieler kann aber auch auf den Torwart zudribbeln und ihn ausspielen.

Danach startet die nächste Zweiergruppe usw. Die Übungsaufgaben werden hierbei häufig gewechselt.

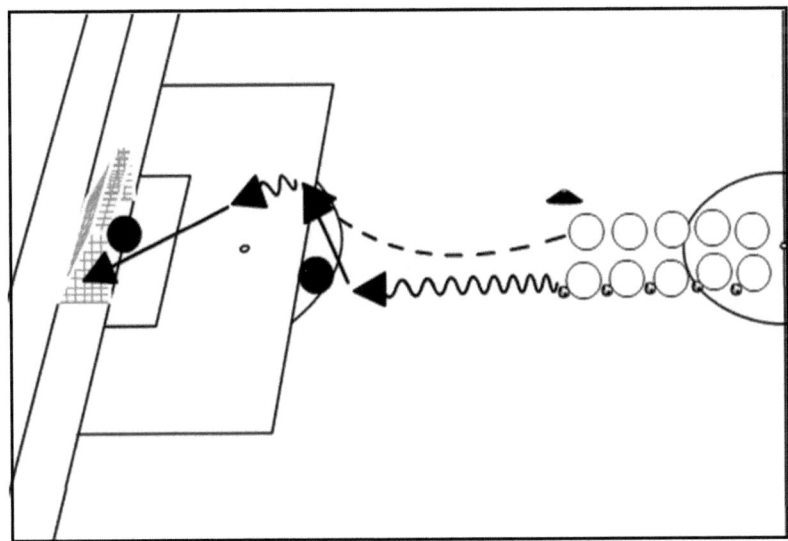

Variante der vorigen Übung:

Auch diese Variation der vorhergehenden gruppentaktischen Übung kann bereits ab der F-Jugend eingebaut werden. Die Übungsform ist die Gleiche, aber jetzt darf der ballführende Spieler selbst entscheiden, ob er seinen Partner anspielt oder den Gegenspieler austrickst und mit einem Torabschluss den Spielzug beendet.

Übergeben/Übernehmen

Auch hier stellt sich natürlich wieder die Frage, ob es sinnvoll ist, „Übergeben/Übernehmen" im Training mit den Kleinen zu trainieren.

Wir haben die Erfahrung gemacht, dass alles, was den Kindern Spaß macht und auch verständlich ist, im Training seinen Platz finden sollte.

Bemerkt der Trainer oder die Trainerin, dass eine gruppen- oder mannschaftstaktische Übung die kleinen Fußballer langweilt oder sie diese nicht verstehen, wird die jeweilige Übung ganz einfach abgesetzt.

„Übergeben/Übernehmen" wird in der F/E-Jugend immer mit einem Torabschluss trainiert und leichtem Übungsablauf. Die Übung eignet sich auch für ein entsprechendes Stationentraining.

Der Einbau dieser speziellen Gruppentaktik wird selbstverständlich im Wettspiel nicht gefordert. Aber wir haben schon erlebt, dass E-Jugendspieler

„Übergeben/Übernehmen" selbstständig im Spiel einsetzten. Wird diese Übung mehrmals im Training durchgeführt, denken die Kinder darüber nach (wie auch bei allen anderen gruppen- oder mannschaftstaktischen Übungen), und setzen ganz ohne Druck die taktische Variante im Training oder Wettspiel ein.

Übungsablauf: 16 Meter vor dem besetzten Tor ist ein Spieler in Ballbesitz. Neben ihm, zum Tor postiert, steht ein Gegenspieler, der nur „teilaktiv" in das folgende Geschehen eingreifen soll. Etwa 15 Meter entfernt und auf gleicher Höhe steht ein weiterer Spieler.
Der Spieler in Ballbesitz dribbelt auf den Mitspieler zu, gleichzeitig läuft dieser ihm entgegen. Der Gegenspieler läuft parallel mit dem Ballführenden und stört nur leicht. Treffen die drei Spieler aufeinander, übergibt der Spieler in Ballbesitz den Ball an seinen Mitspieler über die Außenseite. Dieser dribbelt zentral vor das Tor und schließt die Aktion mit einem Torschuss aus etwa 12 Meter ab.

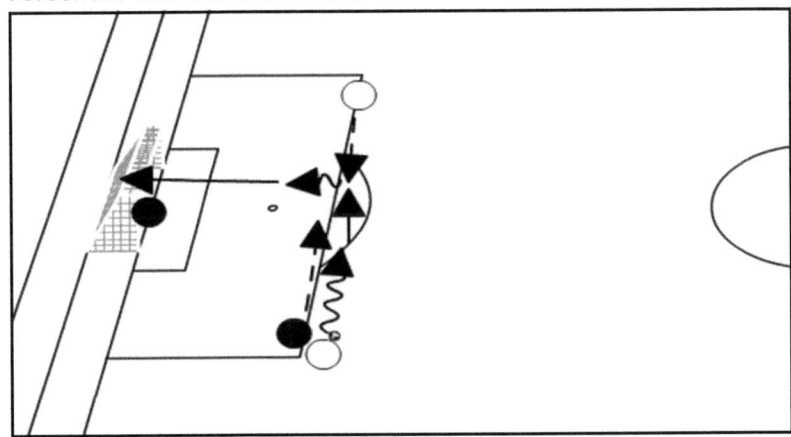

Varianten der vorigen Übung:

- Der Ort des „Übergeben/Übernehmen" wird variiert, endet aber immer mit einem Torschuss.

- Vor oder nach dem „Übergeben/Übernehmen" wird mit einem weiteren Mitspieler noch ein Doppelpass eingebaut.

Doppelpass

Auch der Doppelpass gehört selbstverständlich zur Gruppentaktik und sollte bereits ab der F-Jugend mit leichten Übungen ins Training eingebaut werden. Kaum ein gruppentaktisches Mittel ist leichter und effektiver als der Doppelpass. Mit einem schnellen und direkten Kurzpassspiel kann man jede Abwehr aushebeln. Diese Grundtechnik und -taktik darf in der Ausbildung eines jungen Fußballers in der gesamten Lehrzeit nicht fehlen.

Schon früh muss den jungen Fußballern vermittelt werden, dass durch einen gezielten und direkten Pass, jeder Gegner ohne kräftezehrenden Zweikampf, ausgespielt werden kann.

Der Sinn des Doppelpasses wird in jeder Jugendklasse altersgerecht erklärt und mit den entsprechenden Übungen untermauert.

Hier kommt das eigentliche Problem, die Kinder verstehen zwar den Zweck eines Doppelpasses, setzen ihn aber im Trainings- oder Wettspiel nicht oder fast nie um.

Auch hier werden die Spieler der F/E-Jugend   nicht unter

Druck gesetzt. Der Doppelpass wird mit leichten Übungen trainiert und mit einfachen Worten erklärt.

Eine intensivere Abhandlung dieser Gruppentaktik erfolgt erst ab der D-Jugend.

Hier können jetzt Grundkenntnisse des „Deckungsschattens" abgehandelt werden, damit ein Spieler erkennt, wann er überhaupt anspielbar ist, und damit auch für ein direktes Spiel eingesetzt werden kann.

Diese Altersgruppe begreift bereits, dass der Spieler, der den Doppelpass sucht, sich sofort nach seinem Pass in den „freien" Raum bewegen muss, ansonsten kommt es höchstens zu einem direkten Rückpass ohne Raumgewinn. Diese Pässe sind keine wirklichen Doppelpässe, und vom Gegner leicht abzufangen.

Ab der D-Jugend erkennen die Jugendlichen, dass ein Doppelpass überall seine Berechtigung findet, ob in der Spielmitte, Außenpositionen, im Abwehrbereich oder vor dem gegnerischen Tor. Der Doppelpass befreit aus heiklen Situationen, schafft schnellen und sicheren Raumgewinn und bringt plötzliche Torgefahr.

In dieser Altersgruppe begreifen die Fußballer, dass der Spieler, der den Ball direkt weiterleitet, nicht nur der „Wandspieler" ist, sondern auch den Doppelpass nur andeuten, und dann selbst ein Dribbling starten kann.

Auf diese einfachen gruppentaktischen Mitteln fallen alle Fußballspieler herein, egal welcher Leistungsklasse sie angehören.

Doppelpass mit abschließendem Torschuss

Übungsablauf: Ein Spieler steht etwa 16 Meter zentral vor dem besetzten Tor. Die anderen Spieler stehen 25 Meter zentral vor dem Tor hintereinander in einer Reihe. Jeder Fußballer ist im Besitz eines Balles. Der erste Spieler dribbelt kurz, spielt den Ball zum vorderen Mitspieler und dieser führt den Doppelpass aus. Der erste Passgeber nimmt den Ball an, dribbelt kurz und schließt mit einem Torschuss aus 10 – 14 Meter Entfernung, je nach Schussstärke, ab.

Danach folgt der nächste Spieler usw. Die Aufgabenstellungen von Doppelpassgeber und Torwart werden häufig gewechselt. Auch die Schusstechniken und das Schussbein werden immer wieder verändert.

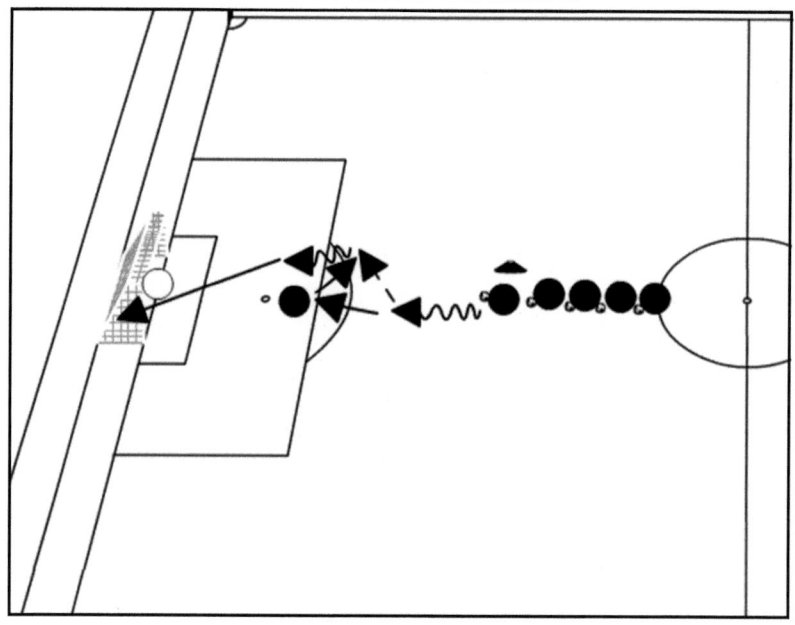

Varianten der vorigen Übung:

- Die Übung wird nun mit zwei aufeinanderfolgenden Doppelpassgebern durchgeführt.

- Der Doppelpassgeber steht nun näher zum Tor. Nach dem Doppelpass wird der Torschuss direkt praktiziert.

- Das Abspiel und der Doppelpass erfolgen erst nach einem vorhergehenden Dribbling durch Fahnenstangen (siehe folgendes Bild).

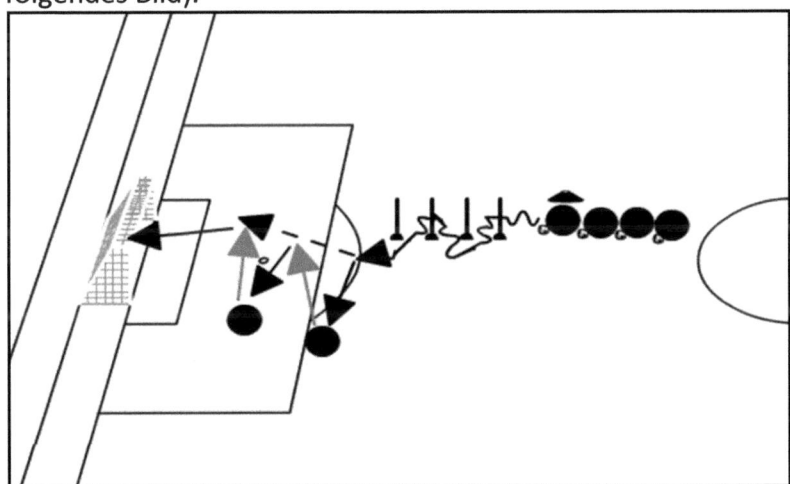

Merke: Schwierige Aufgabenstellungen zum Training des Doppelpasses haben im Kinderfußball nichts zu suchen, wie z.B. Tore in einem Trainingsspiel dürfen erst nach einem Doppelpass erzielt werden.
Des Weiteren werden Übungen abgebrochen, die zu schwer für die Kleinen sind.

Kreuzen

Kann das gruppentaktische Mittel „Kreuzen" im Kindertraining bereits trainiert werden?
Ja, ab der E-Jugend kann man leichte Übungen in Bezug auf diese Taktik einbauen, ohne die Kinder zu überfordern oder Langeweile ins Training zu bringen. Auch hier werden die Übungen immer mit einem Torschuss verbunden, damit diese für die kleinen Fußballer interessant bleiben. In der Regel wird diese Taktik auch überwiegend vor dem gegnerischen Tor eingebaut, um zu einem überraschenden Torabschluss zu kommen.

Auch hier müssen wir betonen, dass ein Einbau des „Kreuzen" im Wettspiel niemals verlangt wird. Die Kinder sollen lediglich mit der Zeit begreifen (dieser Prozess kann über Monate oder Jahre gehen), dass ein schneller Positionswechsel, auch in Verbindung mit einem Positionstausch bzw. „Kreuzen", den Gegner verwirrt und freie Räume schafft.

Das „Kreuzen" kann erfolgen, wenn der Passgeber hinter oder vor den sich beiden „kreuzenden" Spielern ist und auch bei Freistößen und Eckbällen.

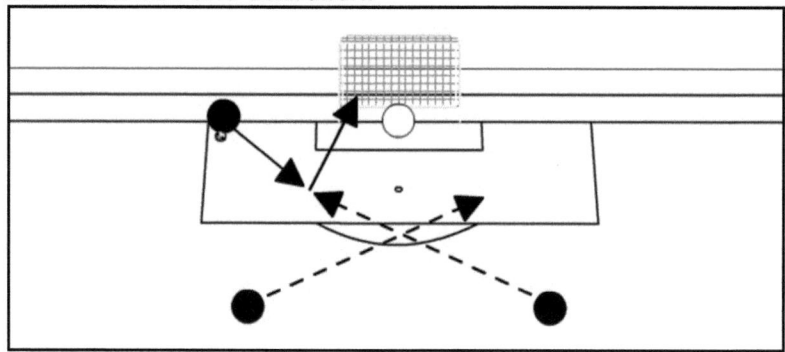

Das vorhergende Bild zeigt uns, was trainiert werden soll. In diesem Fall steht der Passgeber vor den beiden „kreuzenden" Spielern. Diese wechseln also kurz vor dem Tor die Positionen, indem sich ihre Laufwege kreuzen.

Übungsablauf: Links oder rechts neben dem besetzten Tor steht ein Passgeber auf der Torauslinie. Die Entfernung zum Tor wird der Schusskraft des Flankengebers angepasst. Die erste Gruppe startet, kreuzt etwa 16 – 18 Meter vor dem Tor, der Passgeber entscheidet, wen er anspielt und der Angespielte schließt mit einem Torschuss aus etwa 12 Metern ab (auch hier ist die Torschussentfernung natürlich der Schusskraft und der Torgröße anzupassen). Danach läuft das nächste Pärchen an.

Übungsvariationen:

- Jetzt soll der Torschuss direkt erfolgen.

- Die gleiche Übung mit einem zentralen Abwehrspieler, der den Torschussverhindern soll. Der Abwehrspieler kann aber nicht beide Spieler gleichzeitig abschirmen. Der Passgeber soll nun schnell erkennen, wie er welchen Mitspieler optimal anspielt. Bei diesen Übungen werden natürlich die jeweiligen Aufgabenbereiche häufig gewechselt.

- Jetzt werden Eckbälle trainiert mit einem besetzten Tor, mehreren Abwehrspielern und Angreifern. Vor der Ausführung sollen die Stürmer ihre Positionen wechseln und als Variante bietet sich manchmal ein Angreifer zur kurzen Ecke an. Nach der Ecke wird das Spiel fortgesetzt, bis ein Tor fällt oder die Abwehrspieler geklärt haben oder in Ballbesitz sind. Auch hier werden die Aufgabenbereiche häufig gewechselt.

Merke: An dieser Stelle müssen wir noch einmal betonen, dass das gruppentaktische Training nur einen kleinen Teil des Trainings dieser Altersgruppe in Anspruch nehmen darf. Schulung der Technik, Kondition, Koordination und das freie Spiel nehmen den Hauptteil eines optimalen Kindertrainings ein.

Kreuzen mit dem Passgeber im Rücken

Übungsablauf: Die beiden Spieler „kreuzen" etwa 25 Meter vor dem Tor. Diesmal steht der Passgeber zentral hinter ihnen, und entscheidet sich im richtigen Zeitpunkt für das Anspiel eines der beiden Mitspieler. Der angespielte Fußballer dribbelt Richtung Tor und schließt aus einer angemessenen Entfernung mit einem Torschuss ab. Danach folgt das nächste Pärchen.

Übungsvariationen:

- Die beiden Angreifer sollen nun den Torwart gemeinsam ausspielen.

- Nach dem „Kreuzen" und dem erfolgten Anspiel ist noch ein

Abwehrspieler vor den Stürmern. Dieser soll einschließlich dem Torwart noch ausgespielt werden.

Merke: Auf kompliziertere Übungen wird in der E-Jugend in Bezug auf das „Kreuzen" natürlich verzichtet.

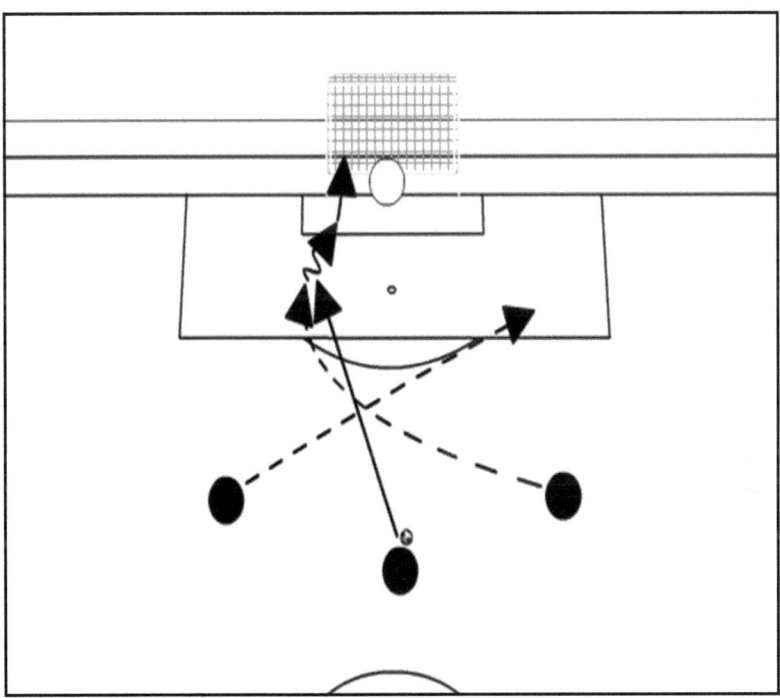

Schulung der Mannschaftstaktik

Die mannschaftstaktische Übung ist hier wiederum das Trainings- oder Wettspiel mit dem Motto „Wir verhindern Tore und wir schießen Tore". Die Mannschaftstaktik wird fast ausschließlich durch Trainings- oder Wettspiele trainiert. Die hierzu nötigen Spielanweisungen und Grundgedanken wurden bereits am Anfang des Buches ausführlich erklärt und abgehandelt.

Welche mannschaftstaktischen Anweisungen werden in diesen Altersgruppen gemieden und erst recht nicht trainiert?

- Die Mannschaft spielt niemals auf Zeit.

- Die Mannschaft verzichtet immer auf taktische Fouls und jede Art von gefährlichem Einsteigen gegenüber den Gegenspielern.

- Pressing wird nicht im Training trainiert oder sogar im Wettspiel praktiziert. Die Spieler dürfen natürlich gegnerische Spieler „Doppeln" oder „Trippeln".

- Die Spieler werden nicht mit starren Positionen belegt, sondern die Mannschaft behält so viele Freiheiten wie möglich.

D-Jugend

D-Jugend

Kinder in diesem Alter befinden sich bereits in der Pubertät. Die Beziehung zwischen Eltern und ihren Kindern flacht ab und auch der Trainer ist nicht mehr die uneingeschränkte Vorbildperson.

Jetzt treten häufiger Probleme zwischen Trainern und Kindern, aber auch zwischen Kindern und Eltern auf. Ein Grund für die auftretenden Probleme ist mit Sicherheit die verbesserte Urteilsfähigkeit der jungen Fußballer, wodurch das Handeln der Eltern, Betreuer und Trainer manchmal in Frage gestellt und kritisiert wird.

Bereits ab der D-Jugend wollen die Jugendlichen/Kinder ähnlich wie Erwachsene behandelt werden und auch in ihrer Freizeit mehr Verantwortung übernehmen, was häufig zu Konfliktsituationen mit Eltern oder Trainern führt.

Wurden nun gravierende Fehler von der Bambini- bis E-Jugendklasse gemacht, wenden sich viele Kinder und Jugendliche der D/C-Jugend vom Fußballverein ab (Erläuterungen dazu gaben wir schon ausführlich in den vorigen Kapiteln ab, wie z.B. zu hoher Leistungsdruck oder das ständige Einnehmen fester Positionen für bestimmte Kinder).

Wurde aber in der jungen Fußballkarriere der Kleinen alles oder fast alles richtig gemacht, kommt es ab und wann zu kleinen Streitereien zwischen Trainern und Kindern oder Kindern und Eltern, die aber nur von oberflächlicher Natur sind und den normalen Fußballbetrieb nicht stören.

Der Trainer oder die Trainerin dürfen eventuelle verbale

Angriffe oder „Trotzphasen" der Kinder/Jugendlichen nicht persönlich nehmen, sondern empfangen die jungen Fußballer zu jedem Training und Wettspiel mit „offenen Armen".

Für viele Kinder/Jugendliche ist die Mannschaft mehr als Sport und Freizeit, sie sehen den Verein oft als familiären Ersatz, wenn z.B. im Elternhaus große Probleme vorherrschen.

Der Trainer oder die Trainerin müssen mit allen Mitteln und so lange es irgendwie möglich ist, die Mannschaft zusammenhalten und alle Kinder integrieren.

Dieses ist aber nur möglich, wenn der Trainer oder die Trainerin jetzt nicht mehr nur als „lieber Freund" agiert, sondern auch als sportlicher Leiter auftritt, der Respekt und eine gewisse Disziplin einfordert.

Die Kinder/Jugendlichen müssen lernen, mit ihrem Arbeitsmaterial verantwortungsvoll umzugehen und dieses für bestimmte Übungen ordentlich auf- und wieder ab- zubauen .

Ein gesunder Teamgeist wird aufgebaut und Gegenspieler, Schiedsrichter, Betreuer, Trainer des Gegners, Zuschauer usw. werden fair und mit Respekt behandelt.

In der D-Jugend ist dies häufig noch relativ leicht umzusetzen, ab der C-Jugend kann es aber zu größeren Schwierigkeiten kommen, die wir hier nicht näher behandeln.

D-Jugend

Trainingsaufbau:

Techniktraining: 15 - 25 % (z.B. Finten, Dribbling, Schusstechniken)

Individual- und Gruppentaktik: 20 - 25% (z.B. 1 gegen 1, Doppelpass, Hinterlaufen, Übernehmen/Übergeben)

Koordination/körperliche Fitness: 15 - 20 % (z.B. Sprinter ABC, Schnelligkeitstraining, Sprungkrafttraining, 1 gegen 1, Staffelwettbewerbe)

Freies Spielen: 40 - 50 %

Das freie Spielen macht in dieser Altersklasse ebenfalls den Schwerpunkt aus. Wir haben es immer noch mit Kindern zu tun und diese wollen spielen, spielen, spielen.
Das freie Spiel erfolgt in allen Variationen wie Überzahl- und Unterzahlspiel, Spiel auf vier Tore, Spiel mit nur drei Ballkontakten oder Spiele auf dem Kleinfeld mit nur wenigen Spielern.

Individualtaktik

Zur Wiederholung:
Mit Individualtaktik wird das zielgerichtete Verhalten der einzelnen Spieler in den Angriffs- und Abwehrsituationen bezeichnet.

D-Jugend

Leitgedanke ist dabei, dass alle Spieler eine variabel verfügbare Fußballtechnik erwerben.

Das Training zielt darauf ab, die technischen Fertigkeiten spielgerecht einzusetzen.

Im Internet und in vielen Büchern gibt es unzählige Übungen zu diesem Thema, deswegen wird die Individualtaktik in diesem Buch nicht mehr behandelt.

Individualtaktik sollte bis zur E-Jugend das taktische Grundgerüst bilden, auf welches hier aufgebaut wird.

Beim Wechsel auf das große Spielfeld sollten die Spielfeldzonen erläutert werden.

Gruppentaktik

In dieser Altersklasse können wir auf jeden Fall schon relativ anspruchsvolle Taktikübungen einbauen, ohne die Kinder zu überfordern oder zu langweilen. Die Konzentrationsfähigkeit ist in diesem Alter schon gut entwickelt. Der Einsatz gruppentaktischer Übungen ist aber alters- und leistungsgerecht, mit geringem Zeit- und Erklärungsaufwand, im Training vorzufinden.

Alle gruppentaktischen Übungen, die wir bereits für die F/E-Jugend beschrieben haben, trainieren wir auch weiterhin in der D-Jugend.

D-Jugend

Zusätzliche Übungen

Weitere Übungen zur Schulung des schnellen Gruppenspiels und Schaffen von Anspielstationen

Bei der ersten Übung erfolgt ein Trainingsspiel mit zwei besetzten Toren auf einem Kleinfeld. Die Feldspieler-Anzahl beträgt 3 – 5 pro Mannschaft. Jeder Spieler darf maximal drei Ballkontakte hintereinander haben, ansonsten wechselt der Ballbesitz zur gegnerischen Mannschaft.

Bei dieser Übung erkennen die jungen Fußballer, dass ein schnelles Anbieten erforderlich ist, damit ein schnelles Abspiel gewährleistet ist.

Werden Anspielstationen oder Freiräume zu langsam geschaffen, verbraucht der Spieler in Ballbesitz seine drei Ballkontakte zu schnell und der Ballbesitz wechselt unwiderruflich.

Bei dieser Übung wird der Trainer oder die Trainerin auch den ein oder anderen Doppelpass wiederfinden.

Werden die D-Jugendspieler bei dieser Übung überfordert, wird diese entsprechend der folgenden Variationen abgeändert.

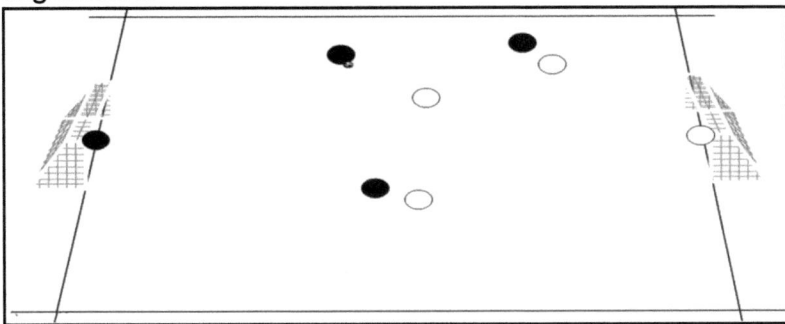

Variationen der vorigen Übung:

- Wieder wird auf einem Kleinfeld gespielt. Diesmal ist eine Mannschaft mit einem oder zwei Spielern in Überzahl. Die Mannschaft in Überzahl darf jeweils nur mit maximal drei Balkontakten (wie oben beschrieben) agieren, die Mannschaft in Unterzahl hat freies Spiel.

- Die Mannschaft in Überzahl darf nur noch jeweils zwei Ballkontakte haben. Die Überzahl ist hierbei auf mindestens zwei Feldspieler erhöht.

- Die gleichen Übungen werden jetzt auf einem Kleinfeld mit vier Toren trainiert, wobei nur Feldspieler eingesetzt werden.

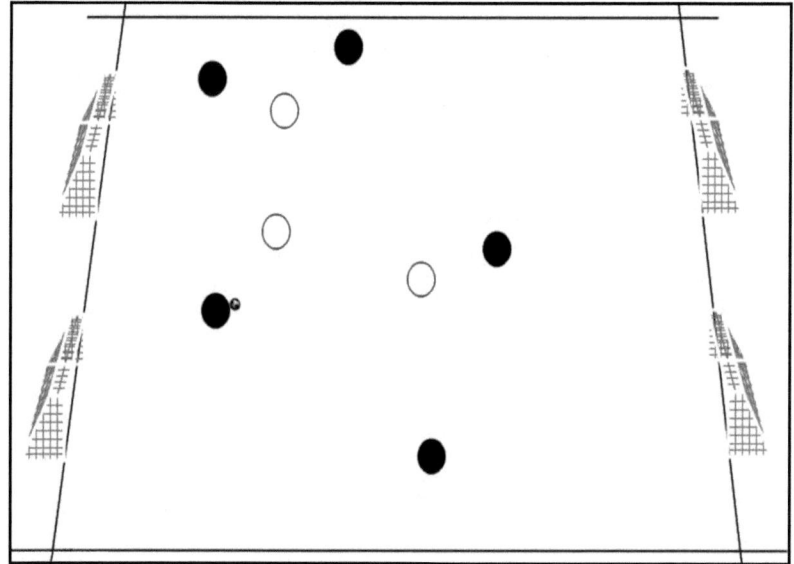

D-Jugend

Merke: Diese Art von Trainingsspielen wird auf etwa 10 Minuten begrenzt. Nur über diesen Zeitraum macht es den Kindern Spaß, diese Übung zu spielen, so jedenfalls war unsere praktische Erfahrung.
Bei einer Überforderung durch eine Übung, wird diese immer sofort abgeändert oder abgebrochen.

Weiterführende Übungen zur Schulung des Doppelpasses

Auch hier setzen wir wieder Übungen in Form von Trainingsspielen ein, damit der Spaßfaktor bei den jungen Fußballern immer erhalten bleibt und der Trainingseffekt umso höher ist.

Bei dieser Übung erfolgt ein Trainingsspiel mit zwei besetzten Toren auf einem Kleinfeld. Die Feldspieler-Anzahl beträgt 4 – 6 pro Mannschaft.
Ein Angriff darf nur mit einem Tor abgeschlossen werden, wenn vorher ein Doppelpass erfolgt ist. Hierbei muss nicht sofort nach dem Doppelpass das Tor erfolgen, sondern die gesamte Zeit des Angriffs zählt. Bei jedem neuen Angriff einer Mannschaft wird aber wieder ein Doppelpass erforderlich, um ein reguläres Tor zu erzielen.
Für einen Doppelpass reicht es nicht aus, wenn zwei Spieler sich den Ball einfach nur direkt hin- und herspielen. Der Doppelpass muss in den Lauf des Mitspielers erfolgen.

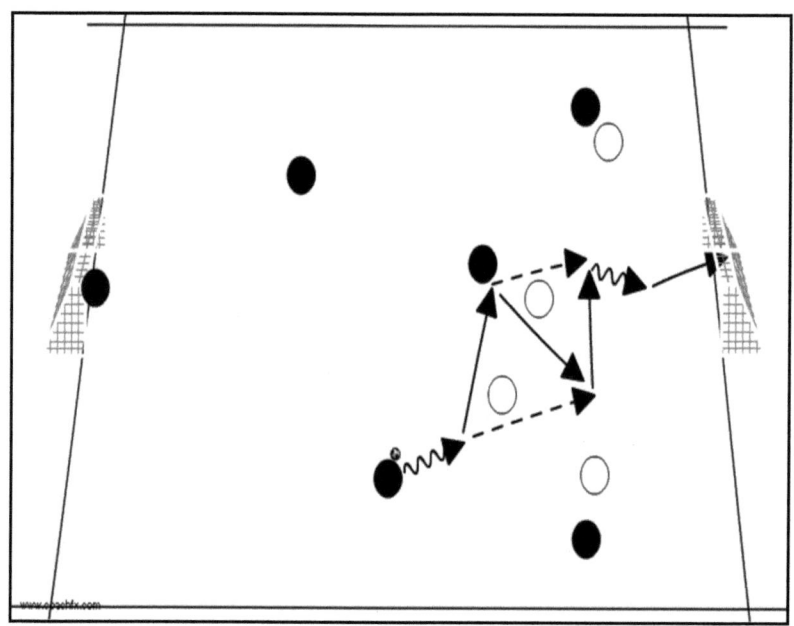

Variationen der vorigen Übung:

- Eine Mannschaft befindet sich in der Überzahl (ein bis zwei Spieler mehr). Die Mannschaft in Unterzahl spielt nach normalen Regeln, die andere braucht vorher wieder einen Doppelpass, um ein Tor zu erzielen.

- Eine Mannschaft hat zwei Spieler mehr. Jetzt muss der Spieler, der den Doppelpass erhält, auch den Torabschluss allein vollenden. Zur Erleichterung darf der Ball auch direkt zu einem Spieler weitergeleitet werden, der den Doppelpass nicht eingeleitet hat (also kein wirklicher Doppelpass).

D-Jugend

Weiterführende Übungen zur Schulung des Hinterlaufens oder Übergeben/Übernehmen

Auch bei dieser Übung erfolgt ein Trainingsspiel mit zwei besetzten Toren auf einem Kleinfeld. Die Feldspieler-Anzahl beträgt 4 – 6 pro Mannschaft.

Ein Angriff darf erst abgeschlossen werden, wenn vorher ein Hinterlaufen oder Übergeben/Übernehmen erfolgt ist. Die Übung kann in den Variationen durchgeführt werden, wie bei den oben erklärten Trainingsspielen (siehe Kapitel „Weitere Übungen zur Schulung des schnellen Gruppenspiels und Schaffen von Anspielstationen" und „Weiterführende Übungen zur Schulung des Doppelpasses").

Training von Eckballvarianten

Eckballvarianten können in dieser Altersklasse hervorragend in Trainingsspielen trainiert werden, ohne die Kinder zu langweilen oder zu überfordern. Die Trainingsspiele können hierbei auf dem Kleinfeld oder der normalen Spielfeldgröße erfolgen. Die gesamte Spieleranzahl pro Mannschaft beträgt je nach Spielfeldgröße 5 – 9.

Spielregeln: Es wird nach normalen Fußballregeln gespielt, aber ohne Abseits (außer eventuell bei der normalen Spielfeldgröße und Spieleranzahl) und Veränderung der Eckballregeln.

Bei einem Eckball muss die ausführende Mannschaft diese

immer variieren. Der Eckball wird einmal lang geschlagen, hart in den Bereich des vorderen Pfostens (auch flach oder halbhoch) oder es bietet sich blitzschnell ein Spieler zur Ecke an.

Die Distanz von Ecke bis zum Tor wird dabei der Schusskraft angepasst, damit auch der Eckstoß hoch auf den zweiten Pfosten möglich ist.

Damit es häufiger zu Eckstößen kommt, werden die Eckballregeln verändert. Es ist vollkommen unerheblich, welche Mannschaft den Ball über die Torauslinie befördert (außer natürlich bei einem absichtlichen Schuss über die Torauslinie der angreifenden Mannschaft), ein Eckball ist immer die Folge. Hierdurch wird die Anzahl der Eckbälle, und damit die Trainingshäufigkeit dieser Standardsituation, deutlich erhöht.

Bei diesen Trainingsspielen wird der Eckball vollkommen spielerisch trainiert und macht nach unseren Erfahrungen den Kickern Riesenspaß.

Variation: Die abwehrende Mannschaft muss abwechselnd bei einer Ecke die Pfosten zustellen oder die Pfosten unbesetzt lassen. Die Spieler sollen dadurch mit der Zeit erkennen, dass in der Regel ein zustellen der Pfosten von Vorteil ist.

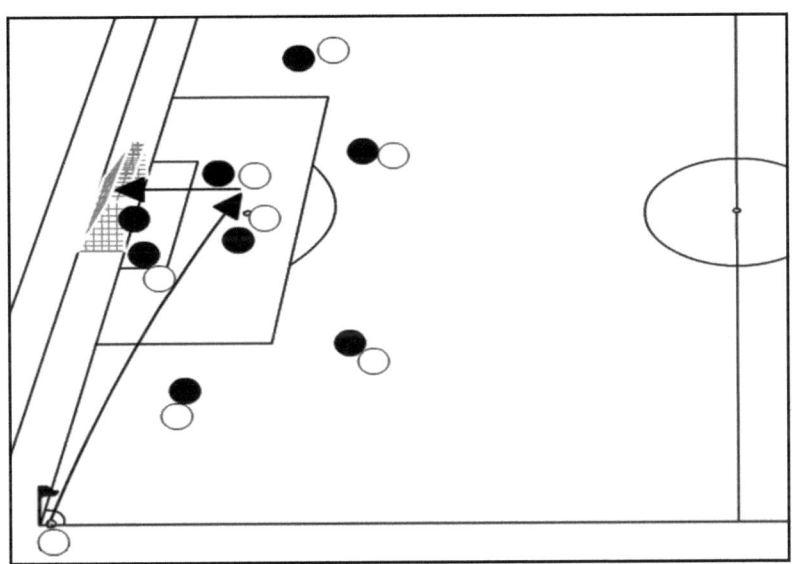

Dreierkette/Viererkette

Macht es einen Sinn in der D-Jugend die Dreier- oder Viererkette zu trainieren?

Ja, wir sind der Meinung, dass dies durchaus möglich ist und auch durchgeführt werden sollte, wobei wir mehr zur Dreierkette tendieren.

Die Dreierkette erscheint uns sinnvoller, weil nur acht Feldspieler auf dem Spielfeld sind und die Spielfläche immer noch verkürzt ist.

Die Viererkette ist immer mit einer defensiven Einstellung verbunden und mit einer großen Laufarbeit der beiden Außenverteidiger.

Wer eine „ordentliche" Viererkette in der D-Jugend aufbauen will, kann dies aber durchaus versuchen.

D-Jugend

Merke: Die Schulung und Einführung einer Dreier- oder Viererkette in der D-Jugend nimmt im normalen Trainingsbetrieb nur wenig Zeit ein. Wir haben es hier immer noch mit Kindern zu tun, die spielen wollen.

Wie agieren die Abwehrspieler in einer Dreierkette?

Wir teilen das Spielfeld in fünf Zonen auf, um das Verhalten der Dreierkette zu erläutern.

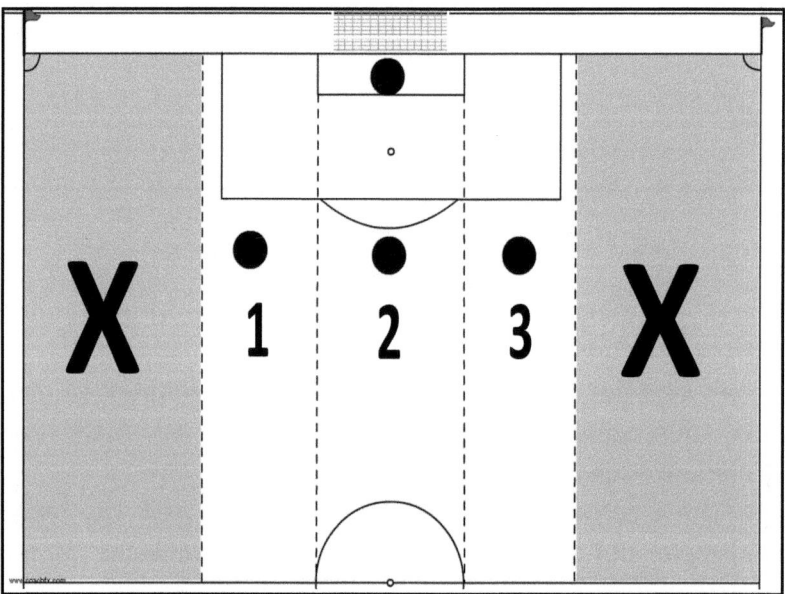

In der Grundformation stehen die Spieler der Dreierkette in einer Linie etwa 16 Meter (bezogen auf D-Jugend) vor dem eigenen Tor.
Jeder Spieler steht in seiner eigenen Zone (1, 2, 3).

Merke: Die Zonen X sollen in der Regel nicht betreten werden, um die gefährliche Zone vor dem Strafraum nicht aufzugeben.

Das Defensivspiel der Dreierkette

Gegnerischer Angriff über die rechte Abwehrseite:

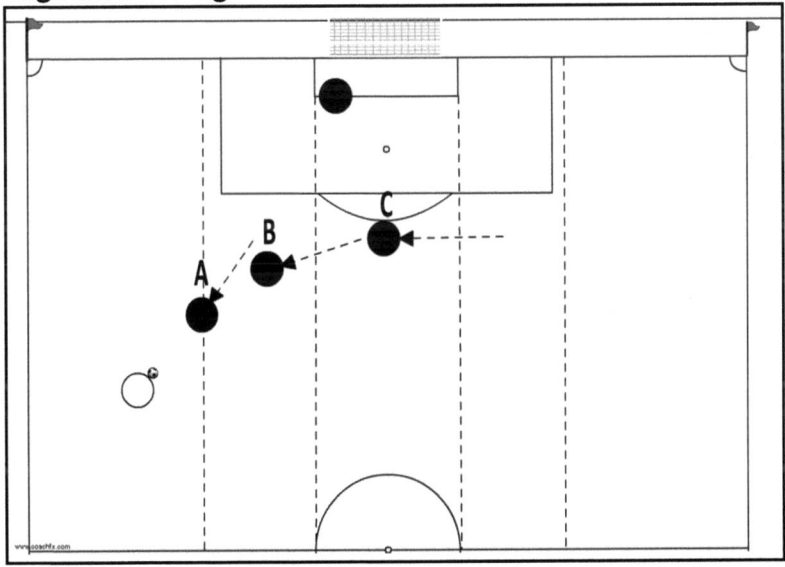

Wie in der Abbildung zu sehen, verschiebt die Dreierkette ballorientiert. Der ballnahe Außenverteidiger verschiebt Richtung ballführender Gegenspieler bis an die Grenze seiner Zone. Das Verschieben findet horizontal und vertikal statt. Die beiden anderen Verteidiger verschieben in die jeweils nächste Zone, wobei Spieler B Spieler A absichert. Spieler C verschiebt auf Höhe des Elfmeterpunktes. Es entsteht eine leicht gekrümmte Linie.

Wichtig ist, dass die horizontalen Abstände beibehalten werden, um die Kompaktheit der Dreierkette nicht zu verlieren. Die vertikalen Abstände sollten ca. 5 Meter betragen. Gleiches gilt natürlich bei einem gegnerischen Angriff über die linke Abwehrseite.

Gegnerischer Angriff über das Zentrum:

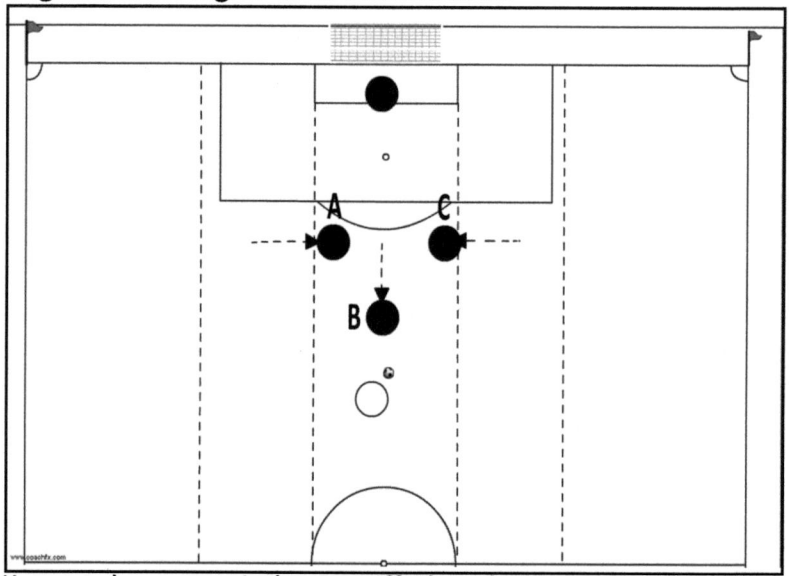

Kommt der gegnerische Angriff über das Zentrum, attackiert der ballnahe Verteidiger B den ballführenden Gegner. Die beiden Außenverteidiger verschieben horizontal an die Grenze der Zone von Spieler B. Es entsteht ein Dreieck, da Spieler A und C den Mitspieler B absichern.

Dieses Verschieben der Dreierkette findet nur Anwendung, wenn sich kein eigener Spieler mehr zwischen dem ballführenden Gegner und Spieler B befindet.

Grundsatz: Befinden sich noch eigene Spieler zwischen dem ballführenden Gegenspieler und der Dreierkette, so wird der Abwehrverbund nicht verlassen. Die Verteidiger verschieben hier nur horizontal und bleiben auf einer Linie.

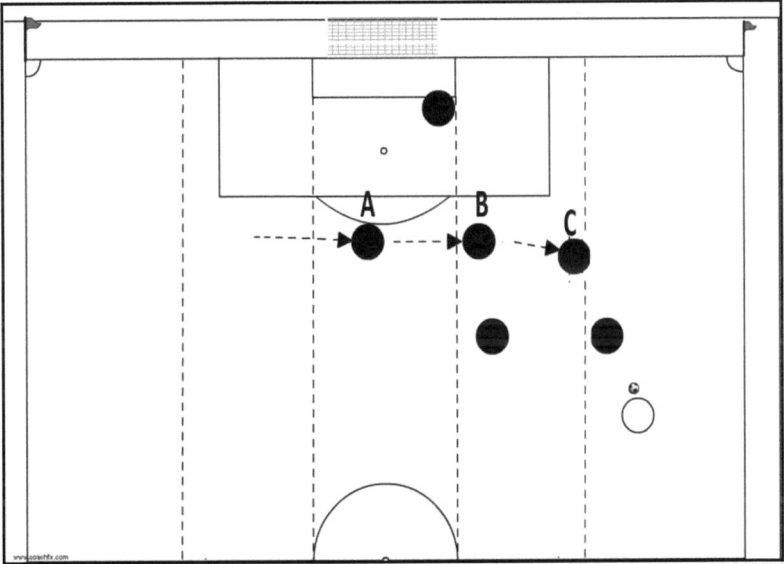

Alles andere würde die ohnehin nicht besonders starke Kompaktheit der Dreierkette zu früh auflösen!

Zonentraining der Dreierkette

Kommen wir nun zu den Übungen, um die Defensivarbeit der Dreierkette zu erlernen. Wir unterscheiden hier statische und dynamische Übungen. Wir beginnen mit den statischen Übungen. Wenn das Verschieben funktioniert, können wir zu den dynamischen Übungen wechseln.

D-Jugend

Statische Übung

Übungsanordnung: Dreierkette positioniert sich in den jeweiligen Zonen mindestens 16 Meter vor dem Tor, drei Stürmer jeweils mit Ball und jeweils in einer Zone. Jede Zone erhält eine Zahl von 1-3.

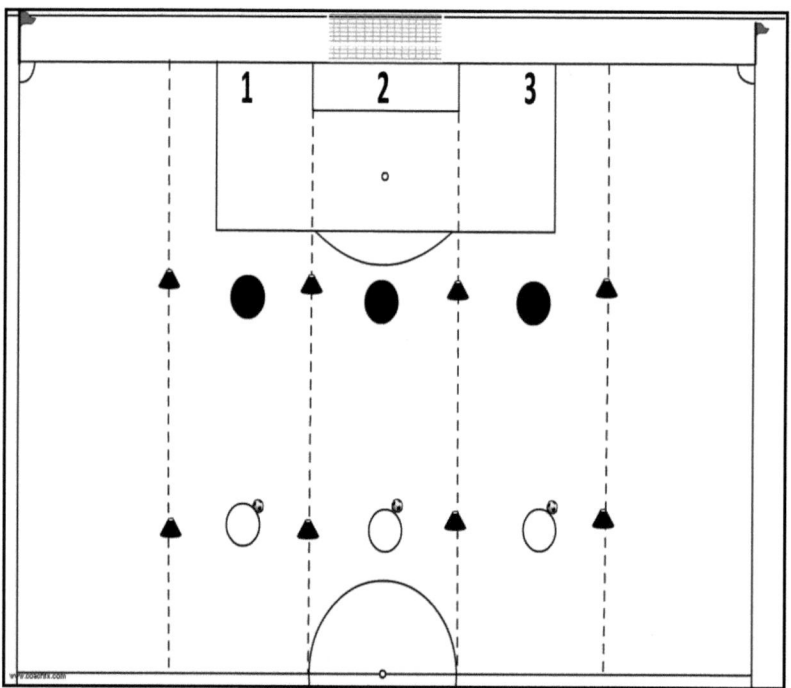

Ablauf der Übung: Auf ein Trainerkommando 1-3 startet der jeweilige Stürmer mit Ball Richtung Tor. Die Abwehr verschiebt wie vorher besprochen.

Hier ist es jetzt besonders wichtig, dass der Trainer sofort unterbricht, wenn nicht richtig verschoben wird.

 # D-Jugend

Bei dieser Übung werden die Sichelbildung und die Dreiecksbildung der Dreierkette geübt.

Bevor weiterführende Übungen absolviert werden, sollte diese Übung fehlerfrei funktionieren.

Sichelbildung beim Trainerkommando 1 oder 3

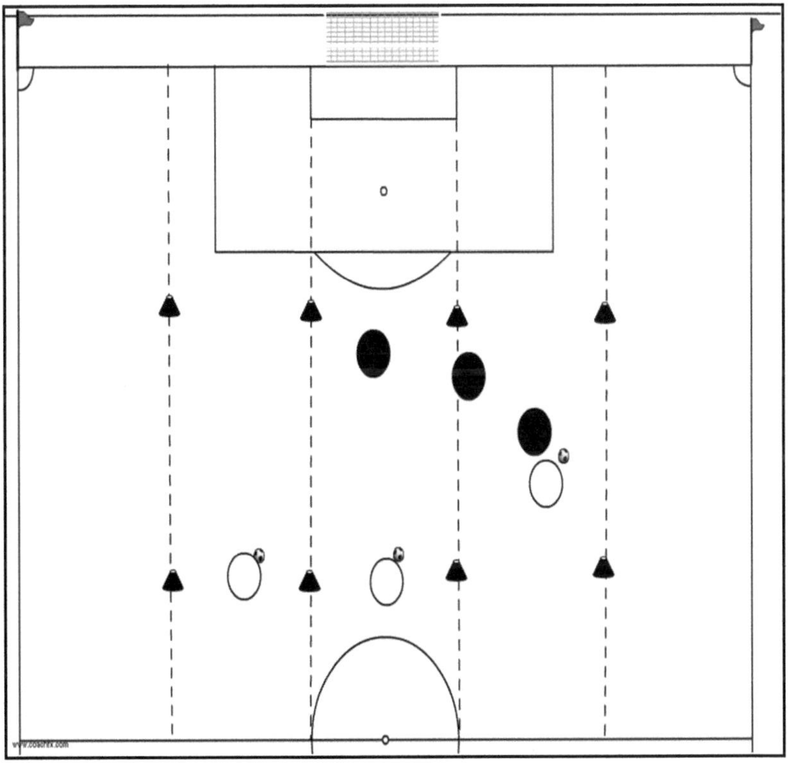

Dreiecksbildung beim Trainerkommando 2

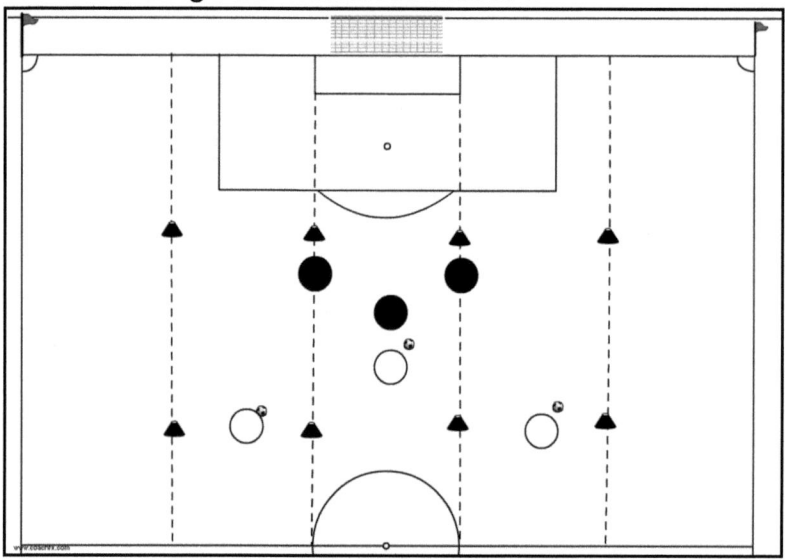

Dynamische Übung

Nachdem das Verschieben bei der statischen Übung funktioniert, ist jetzt bei gleichem Übungsaufbau nur noch ein Ball im Spiel.

- Die drei Angreifer lassen den Ball jetzt durch die eigenen Reihen laufen (immer nach einer kurzen Vorwärtsbewegung).
- Die Abwehr muss nun ständig verschieben.
- Zuerst sollte der Ball von Zone 1 über 2 nach 3 laufen.
- Danach ohne feste Reihenfolge.
- Darauf achten, dass die 16 Meter Linie nicht aufgegeben wird. **Wichtig: Das Tempo sollte am Anfang sehr niedrig sein und sich dann immer weiter erhöhen.** Der Trainer sollte hier erst eingreifen, wenn keine feste Ordnung der Dreierkette mehr zu erkennen ist.

D-Jugend

Das Aufbauspiel der Dreierkette

Die Grundaufstellung des Aufbauspiels sollte genau wie beim Defensivspiel etwa 16 Meter vor dem eigenen Tor beginnen. In der Regel schieben beim Aufbauspiel ein bis zwei defensive Mittelfeldspieler in die Dreierkette.

Die Außenverteidiger haben evtl. Offensivaufgaben in der Dreierkette und rücken deshalb fast auf eine Linie mit den defensiven Mittelfeldspielern. Dies führt zu einer zahlenmäßigen Überlegenheit im Mittelfeld. Die Außenverteidiger halten jedoch, anders als beim Aufbauspiel der Viererkette, einen größeren Abstand zur Seitenlinie, damit der Innenverteidiger keine extrem weiten Pässe spielen muss.

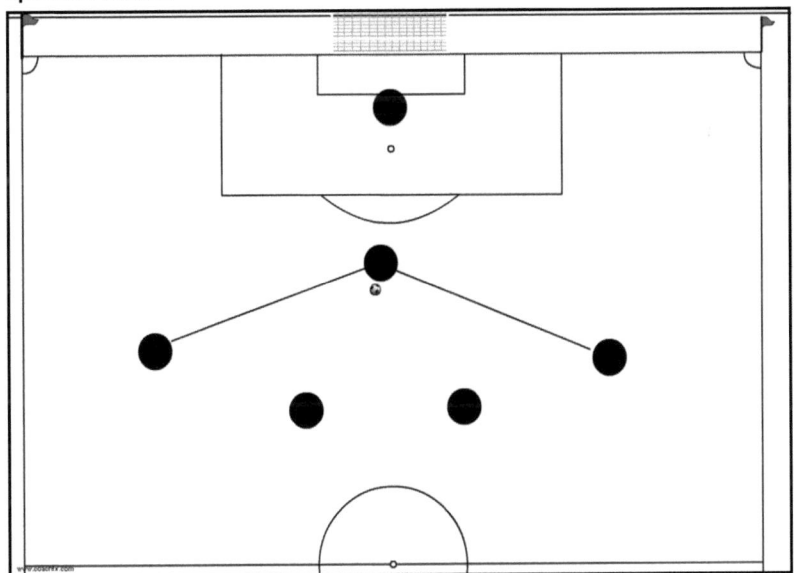

In der Praxis fällt auf, dass die Spieler (hier besonders der Innenverteidiger) sehr hektisch agieren, wenn es darum geht, den Ball durch die eigenen Reihen laufen zu lassen. Dies liegt sicher an dem Phänomen, dass der Innenverteidiger hier oft zum ersten Mal mit einem geordneten Spielaufbau konfrontiert wird, d.h. es wird auch zurückgespielt. Es gilt, dem Innenverteidiger klar zu machen, dass er im Aufbauspiel 5 mögliche Anspielstationen hat, und deshalb mit einer gewissen Gelassenheit ans Aufbauspiel rangehen kann.

Anspielstationen des Innenverteidigers

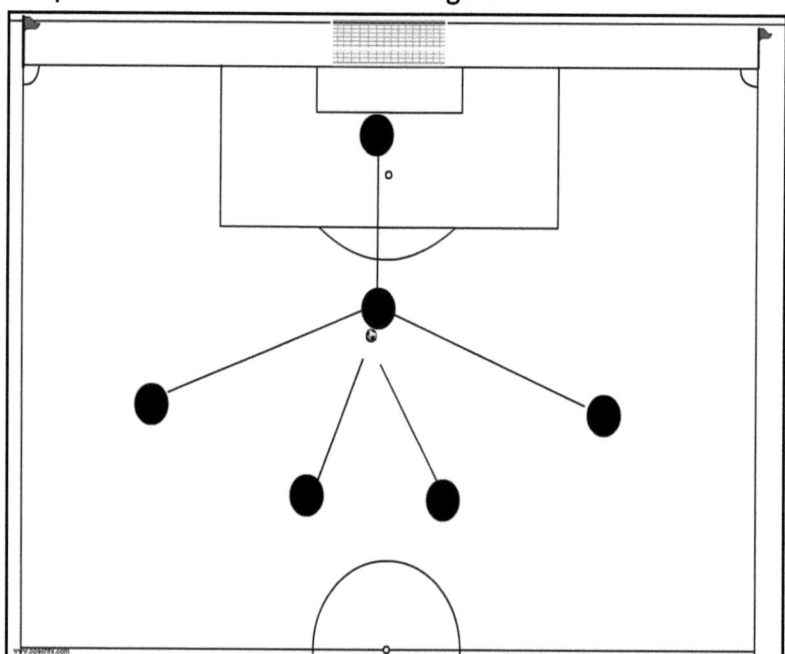

Übung: Als erste Übung sollten die 5 Positionen ohne Gegner den Ball durch die eigenen Reihen laufen lassen, wobei die Sechser (defensiver Mittelfeldspieler) immer auf einer Linie ballorientiert verschieben. Die Außenverteidiger besetzen ihre Positionen. Der Innenverteidiger verschiebt hier nur leicht. Es entstehen hier unzählige Dreiecke. Diese sind das A und O des Aufbauspiels. Der Torwart sollte hier auch mit Rückpässen angespielt werden. Danach können 1-4 Gegner aufs Feld.

Merke: Die beschriebenen gruppentaktischen Übungen werden immer nur über einen kurzen Zeitraum trainiert. Hier bietet sich zum Schluss des Trainings ein Zwei-Stationentraining an. Die erste Gruppe trainiert die Dreierkette wie beschrieben, die andere spielt mit zwei Mannschaften gegeneinander auf einem Kleinfeld. Nach etwa 10 Minuten werden die Stationen getauscht und nach weiteren 10 Minuten spielen alle Fußballer auf einem größeren Feld mit zwei Mannschaften gegeneinander (freies Spiel).
Mit dieser Vorgehensweise haben wir sehr gute Erfahrungen gemacht (das gleiche System wird dann auch beim Training der Viererkette eingesetzt). Die Kinder/Jugendlichen sind weder überfordert noch gelangweilt.

D-Jugend

Das Defensivspiel der Viererkette

Es sollten mindestens 5 Abwehrspieler benannt werden, damit beim Ausfall eines oder mehrerer Spieler nicht das ganze Spielsystem und damit die taktische Ausrichtung verloren geht.

Ziel ist es, durch ballorientiertes Verschieben (horizontal und in die Tiefe) in Ballnähe Überzahl zu erlangen, mögliche Passwege zuzustellen, und den Gegner vom Tor fernzuhalten.

Auch wenn nicht näher auf die Mittelfeldspieler eingegangen wird, so gilt hier folgende Regel: Das Mittelfeld verschiebt geschlossen Richtung Ball, mit dem Ziel, Überzahl in Ballnähe zu schaffen.

Es sollte der Begriff der "Kette" erläutert werden. Hier kann man anhand einer echten Kette das Verhalten erläutern, z.B. was passiert, wenn man an einem Kettenglied zieht? Was machen die anderen Kettenglieder usw.?

Die Grundaufstellung in Zonen

Kommen wir nun zur Grundaufstellung der Viererkette. Diese sollte ca. 16 Meter oder weiter vor dem eigenen Tor beginnen. Im Unterschied zum Aufbauspiel stehen die Außenverteidiger hier zentraler und tiefer, da die Räume hier eng gemacht werden sollen. Für das Training ist es empfehlenswert, das Spielfeld in 4 Zonen zu unterteilen. Jeder

D-Jugend

Verteidiger steht in der Grundaufstellung in einer Zone (siehe Skizze). Die Zonen B und C sind die gefährlichen Zonen, da von hier aus schnell Tore erzielt werden können. Der Torwart wird auch hier von Anfang an mit ins Training der Viererkette eingebunden, da er, wie schon erwähnt, der moderne Libero ist, der Pässe des Gegners im und um den Strafraum abläuft, und die Spieler der Viererkette dirigieren kann.

Die Grundaufstellung in Zonen

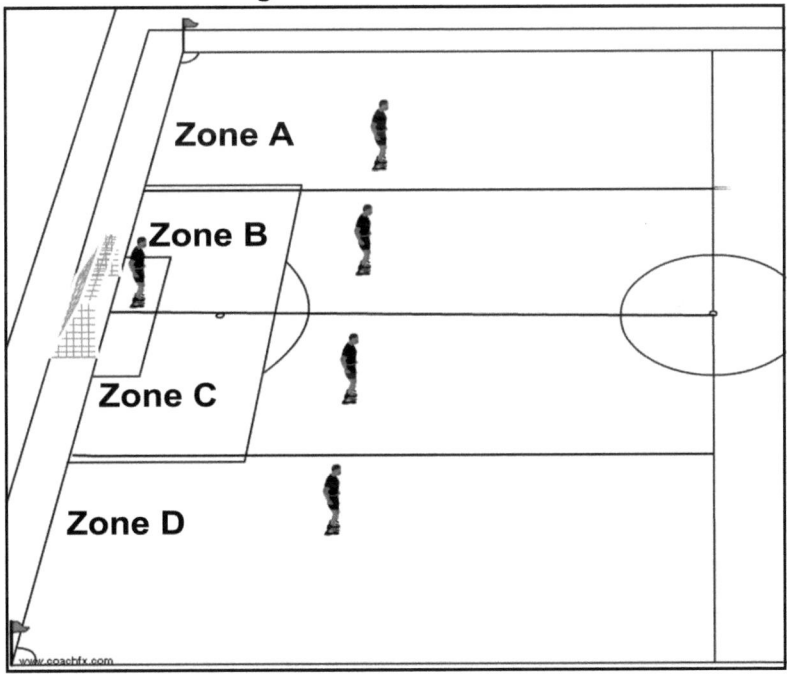

Wie aus der Grafik ersichtlich, sind die Zonen der Innenverteidiger (Zone B und C) kleiner als die Zonen der Außenverteidiger (Zone A und D).

Da die gefährlichen Zonen besonders effektiv abgesichert werden müssen, sind diese kleiner. Die unterschiedlichen Größen der Spielfelder führen dazu, dass die Zonen bei jedem Platz leicht verschoben werden müssen, damit die Zonen B und C immer kleiner sind als die anderen.

Dies hört sich am Anfang kompliziert an, ist aber von den Spielern leicht umzusetzen, wenn diese die Viererkette beherrschen.

Die 2 Grundmuster der Viererkette

Bringt man die Viererkette auf ein einfaches Niveau, ergeben sich 2 Situationen für die Abwehrspieler, wenn das Mittelfeld schon im Rücken des Gegners ist:

- Der Angriff erfolgt über **Außen**.

- Der Angriff erfolgt über das **Zentrum**.

Diese beiden Situationen gilt es zu trainieren.

D-Jugend

Sichelbildung beim Angriff über Außen

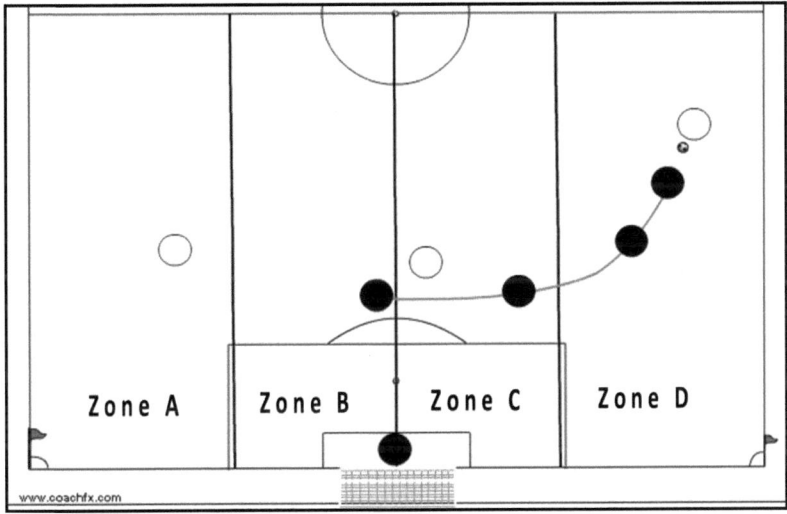

- Der ballnahe Außenverteidiger greift den ballführenden Gegner an (Zone D).
- Jetzt verschiebt der Rest der Kette Richtung Ball in die jeweils nächste Zone.
- Es entsteht eine Sichel, da der benachbarte Innenverteidiger den Außenverteidiger absichert.
- Der Außenverteidiger versucht den Gegner nach Außen abzudrängen.

Jetzt haben die Verteidiger eine zahlenmäßige Überlegenheit in der Zone, in welcher der ballführende Gegenspieler gerade agiert.
Der Gegenspieler in Zone A wird alleine gelassen, da er nur durch einen weiten Pass ins Spiel gebracht werden kann. Diesen kann der Abwehrspieler in Zone B jedoch erlaufen.

D-Jugend

Dreiecksbildung beim Angriff über das Zentrum

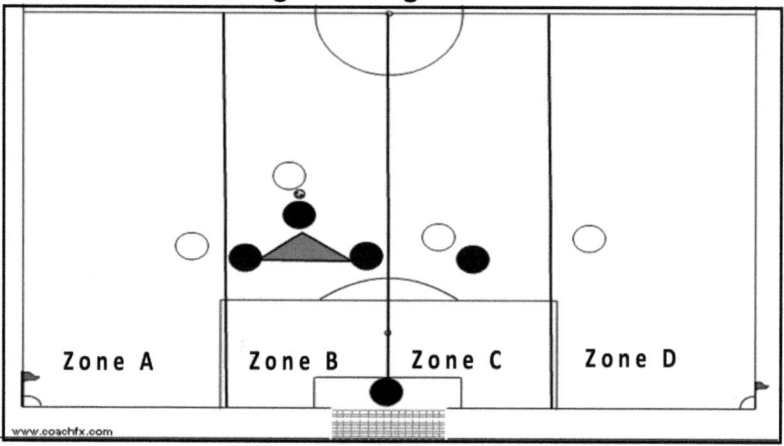

- Der ballnahe Innenverteidiger greift den ballführenden Gegner an (Zone B).
- Der Rest der Kette verschiebt Richtung Ball in die jeweils nächste Zone.
- Es entsteht ein Dreieck. Der ballnahe Innenverteidiger wird doppelt abgesichert. Es gibt kaum Raum für den Gegner in Ballbesitz.
- Die Abwehr konzentriert sich hier auf die Zonen B und C, lässt die Gegner in Zone A und D jedoch nicht aus den Augen.

Regeln für die Viererkette
- Jeder Abwehrspieler verschiebt eine Zone weiter.
- Die Spieler kreuzen nicht, sondern übergeben ihre Gegenspieler.
- Die Viererkette lässt sich nicht weiter als 16 Meter zum eigenen Tor drängen.
- Befindet sich der Gegner mit Ball weniger als 16 Meter zum eigenen Tor, so deckt man den Gegner direkt.

D-Jugend

Weitere Verhaltensweisen

Kommen wir nun zu einer weiteren neuen Situation der Viererkette. Hier befinden sich noch **eigene Mittelfeldspieler zwischen der Viererkette und dem zentralen ballführenden Gegner.** In dieser Situation rücken die Außenverteidiger vor, um mögliche Pässe abzufangen (siehe Skizze). Die Mittelfeldspieler versuchen, den ballführenden Gegner zu doppeln. Auch hier muss den Außenverteidigern klar gemacht werden, dass der ungefährlichere Raum entlang der Linie nicht mit einer Manndeckung abgedeckt wird. Durch das Vorrücken der Außenverteidiger ist die Wahrscheinlichkeit eines Steilpasses minimiert. Vor allem haben die Außenverteidiger hier die Möglichkeit, im Zentrum auszuhelfen, falls dem Gegner ein Durchbruch gelingen sollte. Im Unterschied zu den beiden anderen Situationen bleibt hier jeder Spieler in seiner Zone. Es wird also nicht verschoben.

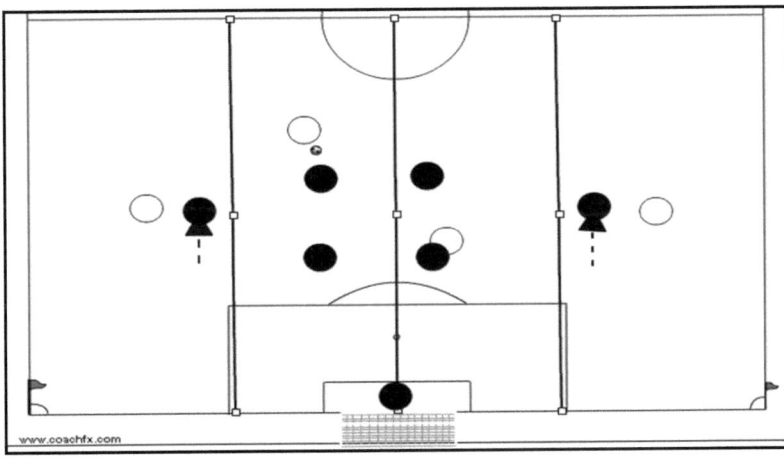

D-Jugend

Wie verhält sich die Viererkette, wenn sich noch **eigene Mittelfeldspieler zwischen der Viererkette und dem ballführenden Gegner am Flügel** befinden?

In dieser Situation ändert sich das Verhalten der Viererkette im Vergleich zum Verhalten ohne Mittelfeldspieler nicht, d.h., es wird eine Sichel gebildet. Der Mittelfeldspieler attackiert den ballführenden Gegner. Falls dieser den Mittelfeldspieler ausspielt, haben wir exakt die gleiche Situation wie beim Angriff über die Flügel.

Sichelbildung, obwohl Mittelfeldspieler den Gegner angreifen

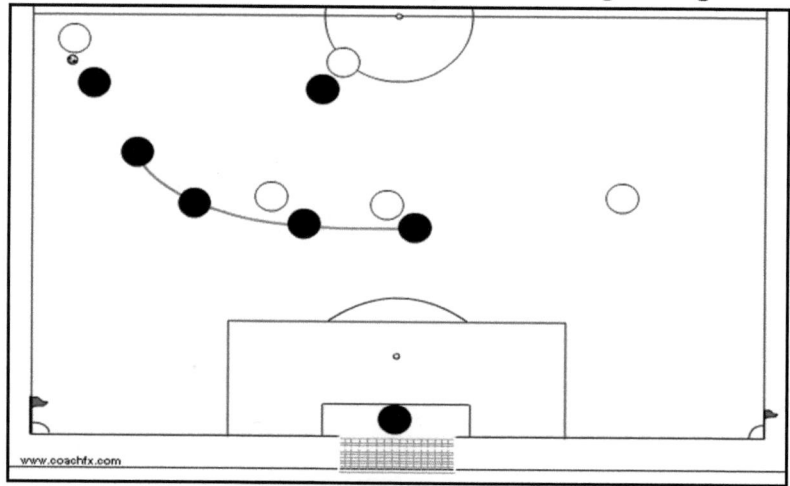

Zusammenfassung

- Kommt der Angriff über einen Flügel, so wird **immer** eine Sichel gebildet.
- Kommt der Angriff über das Zentrum, so hängt das Verhalten der Viererkette davon ab, ob noch eigene Mittelfeldspieler zwischen dem Ball und der Viererkette sind.

Zonentraining der Viererkette

Kommen wir nun zu den Übungen, um die Defensivarbeit der Viererkette zu erlernen. Wir unterscheiden hier statische und dynamische Übungen. Wir beginnen mit den statischen Übungen. Wenn das Verschieben funktioniert, können wir zu den dynamischen Übungen wechseln.

Statische Übung

Übungsanordnung: Viererkette positioniert sich in den jeweiligen Zonen mindestens 16 Meter vor dem Tor, vier Stürmer jeweils mit Ball und jeweils in einer Zone. Jede Zone erhält eine Zahl von 1-4.

Ablauf der Übung:
Auf ein Trainerkommando 1-4 startet der jeweilige Stürmer mit Ball Richtung Tor. Die Abwehr verschiebt wie vorher besprochen. Hier ist es jetzt besonders wichtig, dass der Trainer sofort unterbricht, wenn nicht richtig verschoben wird. Mit dieser Übung wird die Sichelbildung und die Dreiecksbildung der Viererkette geübt.

Sichelbildung beim Trainerkommando 1 oder 4

Dreiecksbildung beim Trainerkommando 2 oder 3

Dynamische Übung

Nachdem das Verschieben bei der statischen Übung funktioniert, ist jetzt bei gleichem Übungsaufbau nur noch ein Ball im Spiel.

- Die vier Angreifer lassen den Ball jetzt durch die eigenen Reihen laufen
(immer nach einer kurzen Vorwärtsbewegung).
- Die Abwehr muss nun ständig verschieben.
- Zuerst sollte der Ball von Zone 1 über 2 nach 3 und 4 laufen.
- Danach ohne feste Reihenfolge.
- Darauf achten, dass die 16 Meter Linie nicht aufgegeben wird.

Wichtig: Das Tempo sollte am Anfang sehr niedrig sein und sich dann immer weiter erhöhen.
Der Trainer sollte hier erst eingreifen, wenn keine feste Ordnung der Viererkette mehr zu erkennen ist.

D-Jugend

Weiterführende Übung

Funktioniert die dynamische Übung fast fehlerfrei, dann sollte man zum 6+1 gegen 5 übergehen, d.h., Torwart plus Viererkette und 2 Sechser auf 2 Hütchentore an der Mittellinie gegen 3 Stürmer und 2 offensiven Mittelfeldspielern aufs Tor.

6+1 gegen 5

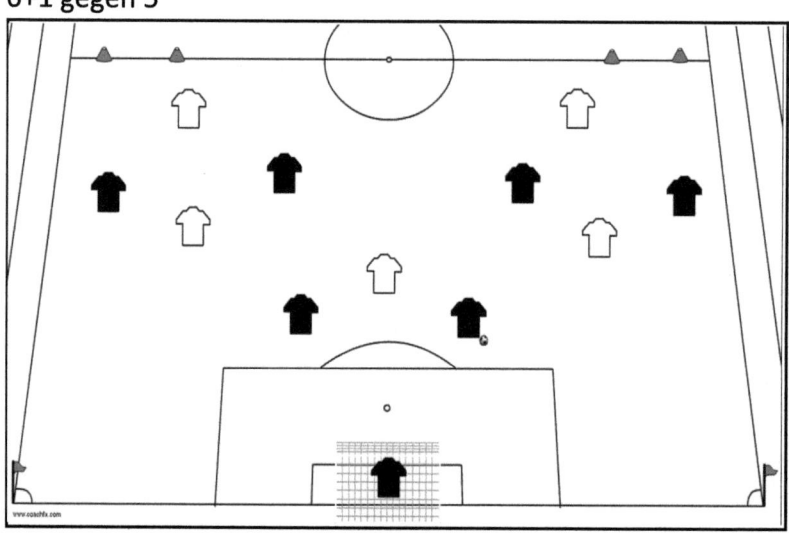

Hier muss nun das Gelernte im Spiel umgesetzt werden, d.h. Aufbauspiel und Defensivspiel gleichermaßen.

Wichtig: Wie bereits erwähnt, kann man nicht davon ausgehen, dass alles Erlernte sofort umgesetzt wird.
Hier ist es sinnvoll, die einzelnen Aspekte immer wieder ins Training einzubauen. Hier reichen 20 Minuten sicher aus!

D-Jugend

Das Aufbauspiel der Viererkette

Die Grundaufstellung des Aufbauspiels sollte genau wie beim Defensivspiel ca. 16 bis 23 Meter vor dem eigenen Tor beginnen (hier wird an den Enden der Kette gezogen, sodass sich ein Halbkreis bildet). Die Aussenverteidiger (Enden der Kette) haben Offensivaufgaben in der Viererkette und rücken deshalb auf eine Linie mit den beiden Sechsern.

Es entsteht eine neue Viererkette und diesmal auf einer Linie im Mittelfeld. Dies führt zu einer zahlenmäßigen Überlegenheit in Mittelfeld.

Die Grundaufstellung des Aufbauspiels

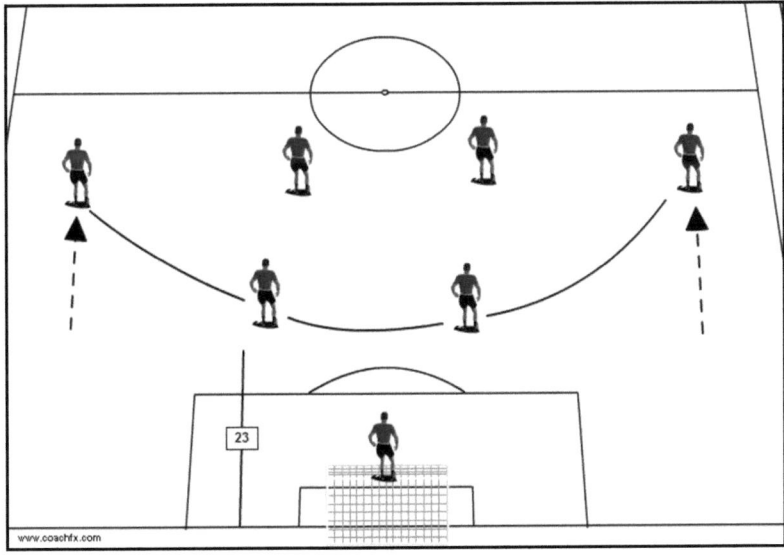

In der Praxis fällt auf, dass die Spieler (hier besonders die Innenverteidiger) sehr hektisch agieren, wenn es darum geht, den Ball durch die eigenen Reihen laufen zu lassen. Dies liegt sicher an dem Phänomen, dass die Innenverteidiger hier oft zum ersten Mal mit einem geordneten Spielaufbau konfrontiert werden, d.h. es wird auch zurückgespielt. Es gilt, den Innenverteidigern klar zu machen, dass sie im Aufbauspiel 5 mögliche Anspielstationen haben und deshalb mit einer gewissen Gelassenheit ans Aufbauspiel rangehen können.

Anspielstationen der Innenverteidiger

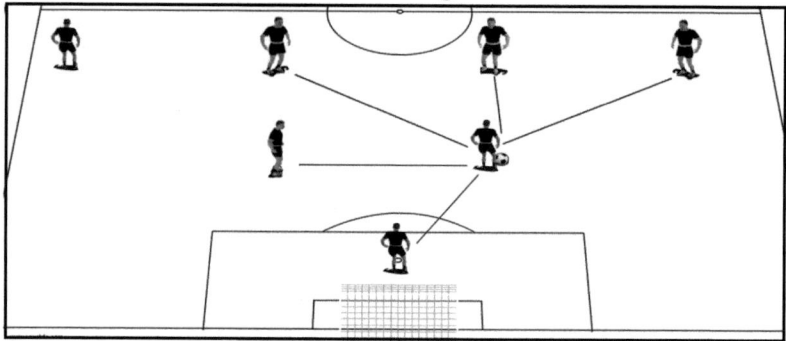

Übung 1

Als erste Übung sollten die 6 Positionen ohne Gegner den Ball durch die eigenen Reihen laufen lassen, wobei die Sechser immer auf einer Linie ballorientiert verschieben. Die Aussenverteidiger besetzen ihre Positionen nah an den Außenlinien, da das Spiel breit gemacht werden soll. Die Innenverteidiger verschieben hier nur leicht. Es entstehen hier unzählige Dreiecke. Diese sind das A und O des Aufbauspiels. Der Torwart sollte hier auch mit Rückpässen angespielt werden.

Mögliche Fehlerquellen:

Der Torwart wird nicht ins Aufbauspiel eingebunden.
Die Außenverteidiger rücken nicht schnell genug nach vorne.
Die Sechserpositionen verschieben nicht gleichzeitig.
Die Außenverteidiger rücken nicht weit genug nach vorne und außen.
Die Übung sollte so lange absolviert werden, bis ein klares Spielverständnis unter den Akteuren entsteht. Das Verschieben muss selbstverständlich sein. Zum Abschluss der Übung sollten 1-2 Ballkontakte ausreichend sein.
Wenn die Übung 1 fehlerfrei gespielt werden kann, sollten jetzt aktive Gegner hinzukommen. Der Übungsaufbau ist der Gleiche. Man sollte hier mit 2 Gegenspielern anfangen, damit das soeben Erlente nicht sofort mit einer Drucksituation wieder verloren geht. Werden die 2 Gegenspieler beherrscht, nimmt der Trainer einen dritten Gegenspieler hinzu. Dies wird bis auf 4 Gegenspieler weiter ausgebaut.
Im Wettkampf hat die Abwehr genau diese Situation in der Regel zu bewältigen, d.h. der Gegner agiert mit 2 Stürmern und 2 offensiven Mittelfeldspielern.

Weiterführende Übung: 2 Hütchentore werden zusätzlich auf Höhe der Mittellinie an den Seiten aufgebaut. Zuerst 3 dann 4 und am Ende gegen 5 Angriffspieler. Die Spieleröffnung macht hier der Torwart. Die Defensivabteilung muss mindestens 5 und maximal 10 Pässe spielen, bevor ein Hütchentor durchdribbelt wird. Gelingt dies, startet der Angriff wieder beim Torwart. Fangen die Angreifer den Ball ab, so dürfen sie auf das Tor abschließen.

Die Außenverteidiger

Wie bereits erwähnt, haben die Außenverteidiger (AV) Offensivaufgaben. Leider sieht man im Amateurfußball immer wieder die Außenverteidiger beim Angriff an der Mittellinie stehen oder sie laufen dem Spiel hinterher. Für den Außenverteidiger gibt es 2 effektive Möglichkeiten, sich in das Angriffsspiel einzuschalten:

Der AV wird durch einen Sechser per Doppelpass ins Spiel gebracht oder er hinterläuft den offensiven Außenspieler.

Doppelpass des AV und Hinterlaufen eines Mitspielers

Diese beiden Situationen sollten im Training mit den möglichen Außenverteidigern trainiert werden. Aber auch die Mittelfeldspieler sollten diese Form der Gruppentaktik beherrschen. Der Trainingsaufbau ergibt sich hier aus den obigen Grafiken. 2 Hütchen sollten hier als Aufbau reichen. Aus unserer Erfahrung können wir sagen, dass gerade die Außenverteidiger oft Schwierigkeiten mit dem Offensivverhalten haben. Aus diesem Grund sollten diese beiden einfachen Übungen fester Bestandteil bei der Einführung der Viererkette sein. Denn ohne diese Basics wird ein vernünftiges Aufbauspiel nicht funktionieren.

 # Stationentraining

Das Stationentraining ist hervorragend geeignet zur Schulung von Technik, fußballspezifischer Kondition, Individualtaktik und sogar Gruppentaktik, wie schon erwähnt.

Durch das Stationentraining kann der Trainingseffekt deutlich erhöht werden. „Schwächen" einzelner Spieler können gezielter und schneller ausgemerzt werden.

Der Auf- und Abbau der einzelnen Übungen sollte dabei schnell möglich sein und die Erklärungen für die einzelnen Übungen schnell und leicht verständlich erfolgen. Schwierige taktische Übungen und komplexe Erklärungen haben im Kinderfußball nichts zu suchen.

Merke: Ein Stationentraining mit mehr als zwei Stationen ist von nur einem Trainer oder einer Trainerin in der Regel nicht durchzuführen. Die adäquate Aufsicht ist nicht ge-währleistet, Erklärungen dauern zu lange und der Auf- und Abbau nimmt zu viel Zeit in Anspruch.
Auch bei einem Zwei-Stationentraining sind zwei Übungsleiter von Vorteil, bei drei oder vier Stationen benötigt man mindestens zwei Fachkräfte. Der Aufenthalt pro Station beträgt etwa 5 – 10 Minuten (bei gruppentaktischen Übungen liegt die Trainingsdauer in der Regel bei 10 Minuten oder länger).

 # Stationentraining

Die folgenden Stationen sind lediglich Beispiele für ein Stationentraining. Der Trainer oder die Trainerin können sich das spezifische Training frei zusammenstellen. Welche Schwerpunkte hierbei gesetzt werden, obliegt dem Trainer oder der Trainerin ganz allein:

- Am Anfang beschreiben wir ein Beispiel für ein komplettes Vier-Stationentraining.
An jeder Station trainieren vier Kinder. Die Stationen werden relativ schnell nach einigen Minuten gewechselt. Ist die gesamte Spieleranzahl nicht durch vier teilbar, wird natürlich dementsprechend improvisiert.

1. An dieser Station wird die Finte „Tempowechsel" mit Torabschluss trainiert.

Der Spieler dribbelt mit mäßigem bis hohem Tempo. Dann zieht er den Ball mit der Sohle zurück und nimmt ihn explosionsartig mit der Innenseite oder dem Spann wieder mit.

Bei der Station entfällt jedoch der Gegenspieler, wie im Bild zuvor. Bei dieser Übung stehen die Spieler etwa 20 Meter (alle Entfernungen werden dem Alter und der Schusskraft angepasst) hintereinander zentral vor dem Tor. Jeder Spieler hat einen Ball, ein Kind steht im Tor. Der erste Fußballer dribbelt mit Ball zum Tor. 12 Meter und 14 Meter vor dem Tor steht jeweils eine Pylone. Zwischen diesen Pylonen soll der Spieler den Tempowechsel vornehmen und danach auf das Tor schießen. Der Torschuss erfolgt hier logischerweise etwa 12 Meter vor dem Tor. Der Torwart wird immer nach drei Schüssen gewechselt.

2. Bei dieser Übung steht eine Gruppe vor einem anderen Tor. Der Übungsablauf ist fast der Gleiche. Nur steht jetzt etwa 12 Meter vor dem Tor eine Fahnenstange. Diese soll mit Ball einmal umkurvt werden und danach erfolgt sofort der Torschuss.

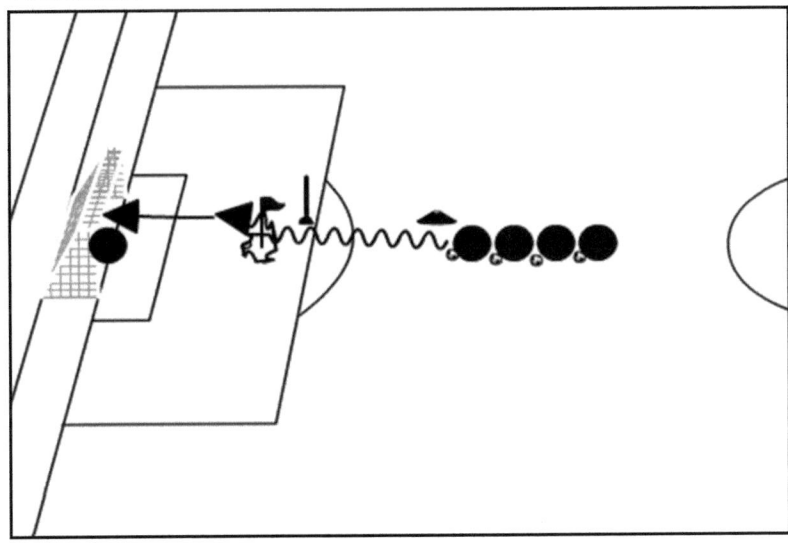

3. Hier wird auf einem relativ kleinem Feld 3 gegen 1 gespielt. Erlaubt sind nur zwei Ballkontakte. Bekommt der Spieler in der Mitte den Ball oder berührt ihn nur, wird gewechselt.

4. An dieser Station stehen sich jeweils 2 Spieler gegenüber. Sie sollen sich den Ball hoch zupassen und den Ball sicher stoppen. Die Entfernung wird der jeweiligen Schusskraft angepasst.

- Hier geben wir ein weiteres Beispiel für ein Vier-Stationentraining.

Hier werden gleichzeitig Technik und Kondition geschult. Spieler mit technischen Schwächen trainieren häufiger an den Stationen 2 und 4.
Spieler mit läuferischen Schwächen werden an den Stationen 2 und 3 eingesetzt.

# Stationentraining

Die Stationen 2 und 3 gehen über einen Zeitraum von etwa 5 Minuten, die anderen Stationen etwa 10 Minuten.

Station 1: Hier wird der Torschuss im Strafraum und/ oder Schüsse etwas hinter dem Strafraum trainiert.

Station 2: Es wird 3 : 1 gespielt mit ein oder zwei Ball- kontakten.

Station 3: Es wird 2 : 2 gespielt mit kleinen Toren

Station 4: Es wird Ballhochhalten in der Gruppe trainiert

- Zwei-Stationentraining

Zur Wiederholung führen wir hier noch einmal ein Zwei-Stationentraing auf, das eine Gruppentaktik der Abwehr trainiert und gleichzeitig bei einem Spiel auf einem Kleinfeld u.a. die fußballspezifische Ausdauer.

Die erste Gruppe trainiert die Dreier- oder Viererkette wie im Kapitel „Dreierkette/Viererkette" beschrieben, die andere spielt mit zwei Mannschaften gegeneinander auf einem Kleinfeld.

Nach etwa 10 Minuten werden die Stationen getauscht und nach weiteren 10 Minuten spielen alle Fußballer auf einem größeren Feld mit zwei Mannschaften gegeneinander (freies Spiel).

 # Stationentraining

Weitere mögliche Übungen im Stationentraining

(3 – 4 Personen pro Übung, der Trainer sorgt bei einigen Übungen dafür, dass die jeweiligen Positionen in den Übungen rechtzeitig gewechselt werden).

- Ein Spieler wirft den Ball aus kurzer Entfernung zu, der andere soll den Ball mit der Seite oder dem Spann zurückspielen, abwechselnd links und rechts. Der Ball sollte maximal in Kniehöhe zugeworfen werden.

- In einem abgesteckten Feld spielen sich die Kinder die Bälle flach und direkt zu und müssen dabei abwechselnd den linken und rechten Fuß einsetzen. Der Pass erfolgt mit der Innenseite und wird relativ hart und präzise geschossen. Der Abstand der Spieler beträgt 5 – 10 Meter.

- Es erfolgt ein Einwurfwettbewerb auf Weite oder Genauigkeit. Ein Kind wirft auf Weite oder in ein kleines abgestecktes Feld. Die anderen markieren die erzielte Weite mit einer Pylone und stoppen den Ball. Bei einem Wettbewerb auf Genauigkeit bekommt der jeweilige Spieler einen Punkt, wenn er in das abgesteckte Feld trifft.
Derjenige mit den meisten Punkten oder der größten Weite hat bei dem nächsten Stationenwechsel gewonnen. Der Trainer achtet hin und wieder auf die korrekte Ausführung des Einwurfs (die Unterstützung von Betreuern in einem Stationentraing ist in der F-Jugend von großem Nutzen).

 # Stationentraining

- An dieser Station wird ein Elfmeterwettkampf durchgeführt. Am Besten steht ein kleines Tor etwas vor dem großen Tor. Verschossene Bälle landen so meistens im großen Tor und die Laufwege sind verkürzt.

Ein Spieler steht im Tor, zwei oder drei Spieler beginnen mit dem Elfmeterschießen. Begonnen wird aus einer Entfernung von sieben Metern. Der Schütze, der verschossen hat, tauscht mit dem Torwart. Bei der Verwandlung eines Elfmeters schießt der nächste Schütze aus acht Metern, wird dieser verwandelt, geht es wieder ein Meter zurück usw. Wird ein Elfmeter gehalten, wird er um einen Meter vor-verlegt, aber nicht näher als sieben Meter.

- Hier werden Torschuss- und Freistoßübungen in allen möglichen Variationen in der kleinen Gruppe trainiert, wie z.B. mit Doppelpass oder Dribbeln durch Fahnenstangen vor dem Torschuss und auch Direktabnahmen nach einer kurzen Ecke. Hierbei kann ohne Torwart oder mit einem festen Torwart trainiert werden.

- Die Spieler schießen sich den Ball hoch zu und stehen dabei mit dem größtmöglichen Abstand zueinander. Das angespielte Kind soll den Ball sicher stoppen und zum nächsten Spieler passen.

Exkurs:

Manche Jugendliche wachsen langsamer als andere und die Organkraft von Muskeln, Herz, Lungen kann sich damit auch wesentlich langsamer entwickeln. Diese Entwicklungsrückstände bewirken nun, dass selbst ein guter Techniker sich oft gegen die Gegenspieler nicht mehr durchsetzen kann, da die Technik nicht mit genügend schnellen Bewegungen erfolgt.

Die größeren und schnelleren Gegenspieler drücken den kleinen Techniker zur Seite und selbst bei einem Austricksen haben sie ihn schnell wieder eingeholt.

Ein Spieler mit einer langsameren körperlichen Entwicklung und schlechter Technik ist hoffnungslos unterlegen, technisch und konditionell.

Solche Spieler können aber in den kommenden Jahren die anderen in der Leistung einholen oder sogar überholen.

Wichtig ist, dass solche Jugendliche gegen schwächere Gegner oder einer tieferen Klasse aufgebaut werden, damit sie nicht die Lust am Fußball verlieren.

 # Literaturverzeichnis

Claßen, M. / Schnepper, W.:
Taktiktraining im Jugendfußball, BOD, 2011

Claßen, M. / Schnepper, W.:
Taktiktraining im Jugendfußball 2, BOD, 2012

Schnepper W. / Claßen M.:
E-Jugend / D-Jugendtraining: effektive Übungen, BOD, 2014

Claßen, M. / Schnepper, W.:
Pressing mit System, BOD, 2012

Claßen, M. / Schnepper, W.:
Spielsysteme im Fußball: Training der Formationen, BOD, 2013

Claßen, M. / Schnepper, W.:
Konter im Fußball: Kleine Übungsreihe, BOD, 2013

Notizen